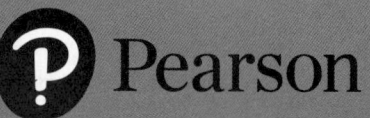

AQA GCSE
French

Vocabulary, Grammar and Translation Workbook

Tom Hockaday and Michael Wardle

Published by Pearson Education Limited, 80 Strand, London, WC2R ORL.

www.pearsonschoolsandfecolleges.co.uk

© 2025 Pearson Education Limited. All Rights Reserved.

AQA material is reproduced by permission of AQA.

Copies of official specifications for all Pearson qualifications may be found on the website: qualifications.pearson.com

Edited by Newgen KnowledgeWorks

Designed and typeset by Kamae Design and Newgen KnowledgeWorks

Original illustrations © Pearson Education Limited 2025

Illustrated by Beehive Illustrations: Andrew Pagram, Alan Rowe and Matt Ward. Further illustrations created by Johanna Crainmark and Newgen KnowledgeWorks

Cover design by Kamae Design

Cover photo and banner extract © Wundervisuals/Getty Images

Written by Tom Hockaday and Michael Wardle

The rights of Tom Hockaday and Michael Wardle to be identified as authors of this work have been asserted by them in accordance with the Copyright, Designs and Patents Act 1988.

Select content created using AI based on Pearson learning materials. To maintain the integrity of content in this product, Pearson has a process to validate output prior to publication.

This publication is protected by copyright, and permission should be obtained from the publisher prior to any prohibited reproduction, storage in a retrieval system, or transmission in any form or by any means, electronic, mechanical, photocopying, recording, or otherwise. For information regarding permissions, request forms and the appropriate contacts, please visit https://www.pearson.com/us/contact-us/permissions.html Pearson Education Limited Rights and Permissions Department.

Pearson Education Limited is an exclusive trademark owned by Pearson Education Limited and/or Pearson or its affiliates in the United Kingdom and/or other countries.

Unless otherwise indicated herein, any third-party trademarks that may appear in this work are the property of their respective owners and any references to third party trademarks, logos or other trade dress are for demonstrative or descriptive purposes only. Such references are not intended to imply any sponsorship, endorsement, authorisation, or promotion of Pearson Education Limited products by the owners of such marks, or any relationship between the owner and Pearson Education Limited or its affiliates, authors, licensees or distributors.

First published 2025

29 28 27 26 25

10 9 8 7 6 5 4 3 2 1

British Library Cataloguing in Publication Data
A catalogue record for this book is available from the British Library

ISBN 978 1 292 757384

Copyright notice
All rights reserved. No part of this publication may be reproduced in any form or by any means (including photocopying or storing it in any medium by electronic means and whether or not transiently or incidentally to some other use of this publication) without the written permission of the copyright owner, except in accordance with the provisions of the Copyright, Designs and Patents Act 1988 or under the terms of a licence issued by the Copyright Licensing Agency, 5th Floor, Shackleton House, 4 Battle Bridge Lane, London, SE1 2HX (www.cla.co.uk). Applications for the copyright owner's written permission should be addressed to the publisher.

Printed in the UK by Bell & Bain Ltd, Glasgow

Notes from the publisher
Pearson has robust editorial processes, including answer and fact checks, to ensure the accuracy of the content in this publication, and every effort is made to ensure this publication is free of errors. We are, however, only human, and occasionally errors do occur. Pearson is not liable for any misunderstandings that arise as a result of errors in this publication, but it is our priority to ensure that the content is accurate. If you spot an error, please do contact us at resourcescorrections@pearson.com so we can make sure it is corrected.

Table des matières

| Basic language | 4 |

Module 1 Tu as du temps à perdre?

Zone de culture	Fêtes et jeux	6
Unité 1	Ma vie en ligne	8
Unité 2	Tu as une vie active?	10
Unité 3	Qu'est-ce que tu regardes?	12
Unité 4	Qu'est-ce qu'on va faire?	14
Unité 5	Qu'est-ce que tu as fait?	16
Unité 6	J'ai participé aux Jeux de la Francophonie!	18
Glossary		20

Module 2 Mon clan, ma tribu

Zone de culture	Libre d'être moi	24
Unité 1	Un week-end en famille	26
Unité 2	L'amitié est la clé du bonheur	28
Unité 3	Portraits de stars	30
Unité 4	La place des idoles	32
Unité 5	Famille, amour, gâteau	
Glossary		

| Translation revision | |

Module 3 Ma vie scolaire

Zone de culture	Au collège chez nous	
Unité 1	Quelle est ... matière préférée	46
Unité 2	C'est injus...	
Unité 3	As-tu fait de... progrès	50
Unité 4	Souvenirs d'éc...	52
Unité 5	Les langues et l... enir	54
Glossary		56

Module 4 En pleine ... orme

Zone de culture	C'est ... n pour la santé?	60
Unité 1	B... ait!	62
Unité 2	Bien dans ma peau	64
Unité 3	Bien choisir pour ta santé	66
Unité 4	Je change ma vie	68
Unité 5	Mieux vivre	70
Glossary		72

Module 5 Numéro vacances

Zone de culture	Voudrais-tu voyager?	76
Unité 1	Des vacances de rêve	78
Unité 2	On part pour la Corse	80
Unité 3	Le monde en fête	82
Unité 4	Guide de voyage	84
Unité 5	Vive les vacances	86
Glossary		88

| Translation revision | 92 |

Module 6 Notre pla...

Zone de culture	Madagascar ... iroir du monde?	96
Unité 1	... tre monde est beau	98
U...	Pl... te en dang...	100
...nité 3	Des g... ds ... tes	102
Unité 4	Des petit... estes	104
Unité ...	Innovation verte	106
...ary		108

Module 7 Mon petit monde à moi

...e de culture	C'est combien?	112
Un... 1	Là où j'habite	114
Unité 2	Sur la bonne route	116
Unité 3	Mode et shopping	118
Unité 4	La maison de mes rêves	120
Unité 5	As-tu déjà visité Paris?	122
Glossary		124

Module 8 Mes projets d'avenir

Zone de culture	Mon été de rêve	128
Unité 1	Mes passions et mon avenir	130
Unité 2	Célébrités à l'écran	132
Unité 3	Quelles sont tes compétences?	134
Unité 4	Bien payé, mais difficile!	136
Glossary		138

Translation revision	142
Vocabulary learning strategies	146
Translation strategies: French to English	148
Translation strategies: English to French	150
Notes	152

Basic language

1 Translate these words into French.

1. Monday .... lundi ....
2. Tuesday ....
3. Wednesday ....
4. Thursday ....
5. Friday ....
6. Saturday ....
7. Sunday ....

> To say 'See you on Monday' in French you simply say *à lundi!*

> Days and months don't need capital letters in French, unless they are at the start of the sentence.

2 Write out the months of the year in French in the correct order. Then write out the seasons in French.

| mai septembre janvier juillet novembre février août |
| avril octobre décembre juin mars |

1 .... 5 .... 9 ....
2 .... 6 .... 10 ....
3 .... 7 .... 11 ....
4 .... 8 .... 12 ....

Seasons
Summer ....
Autumn ....
Winter ....
Spring ....

3 Label the four points of the compass in French.

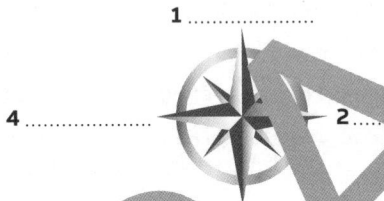

4 Fill in the missing vowels in these colours.

1. black – n___r
2. white – bl_nc / bl_nch_
3. red – r___g_
4. green – v_rt
5. blue – bl___
6. grey – gr_s
7. brown – br_n

5 Translate these words into French.

1. hi / bye .... salut ....
2. hello / good morning ....
3. good evening ....
4. goodbye ....
5. How are you? ....
6. welcome ....
7. yes ....
8. no ....
9. Mrs ....
10. Miss ....
11. Mr ....
12. thank you ....
13. okay ....
14. please (formal) ....
15. please (informal) ....
16. mum ....

Basic language

6 Translate these words into French using words from the box.

> Londres   les Pyrénées   la Corse   l'Asie   les Alpes   l'Europe   la Méditerranée   le Québec
> la Manche   la Belgique   la France   occidental   l'Afrique   le Maroc   le Canada   l'Angleterre
> Paris   la Suisse   la Réunion   la Tunisie   le Sénégal   francophone

1 Africa *l'Afrique*
2 Asia ....
3 Europe ....
4 England ....
5 Belgium ....
6 Canada ....
7 France ....
8 Reunion Island ....
9 Morocco ....
10 Quebec ....
11 Paris ....

12 Senegal ....
13 Switzerland ....
14 Tunisia ....
15 the Alps ....
16 Corsica ....
17 the Mediterranean ....
18 the Pyrenees ....
19 London ....
20 the English Channel ....
21 Western ....
22 French-speaking ....

7 Separate out the words in each category.

1 religious designations   bouddhistechrétienmusulmanjuif
....
2 religious festivals   noëlaïd...es
....
3 places of worship   templemosquéesynagogueéglise
....
4 other annual events   ...ternationalesaintvalentintourdefrance
....

8 Complete the grid with the missing numbers.

1	....	11	...nze	21	vingt-et-un	thousand ...., million ....
2	....	12	....	22	....	
3	....	13	....	30	....	about ten *une dizaine*
4	....	14	....	40	quarante	
5	....	15	quinze	50	....	about a hundred ....
6	....	16	....	60	....	
7	....	17	....	70	soixante-dix	first ...., second *deuxième*
8	huit	18	....	80	....	
9	....	19	dix-neuf	90	....	third ...., fourth *quatrième*
10	dix	20	....	100	cent	

Zone de culture Fêtes et jeux
Using *aimer* + noun and *aimer* + infinitive

1 Write the correct French word from the box next to each noun.

> la cuisine
> le théâtre
> la victoire
> la danse
> le sport
> la concurrence
> la musique
> la chanson

1 dance ....
2 music ....
3 cooking ....
4 song ....

5 drama ....
6 sport ....
H 7 competition ....
H 8 victory ....

2 Unjumble the words in the box to complete each sentence.

> ccaord
> susi
> ~~aantmus~~
> rèst
> maisevua
> savi

1 À mon avis, c'est *amusant*.
2 C'est une .... idée.
3 Oui, je suis d'.......................... .
4 À mon .... c'est une bonne chose.
5 Cependant, je ne .... pas prêt.
H 6 Le rythme n'est pas .... intéressant.

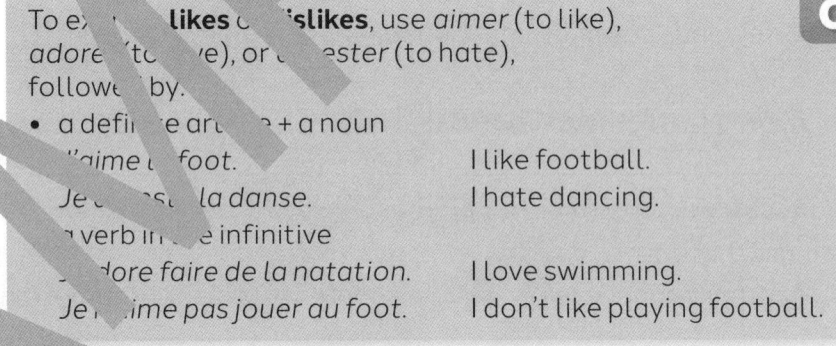

To express **likes** or **dislikes**, use *aimer* (to like), *adorer* (to love), or *détester* (to hate), followed by:
• a definite article + a noun
  J'aime le foot.   I like football.
  Je déteste la danse.   I hate dancing.
• a verb in the infinitive
  J'adore faire de la natation. I love swimming.
  Je n'aime pas jouer au foot.   I don't like playing football.

G

3 Rewrite each sentence, putting the words into the correct order.

1 le / j'aime / sport

  ....

2 théâtre / déteste / le / elle

  ....

3 au / n'aime / je / pas / jouer / foot

  ....

4 la / tu / lecture / adores

  ....

5 frites / déteste / je / les

  ....

6 avec / moi / adore / faire / de la / il / cuisine

  ....

Module 1
Student Book pp. 6–7

4 Draw lines to match up the sentence halves.

1 Je fais ...
2 Il aime le ...
3 Je fais la cuisine avec ...
4 Elle est assez ...
5 Parfois, elle ...
6 Tu fais de la danse ...

a ... mon père.
b ... tous les jours.
c ... de la natation.
d ... sportive.
e ... théâtre.
f ... joue au foot.

jouer (to play)	aimer (to like)
je joue	j'aime
tu joues	tu aimes
il/elle/on joue	il/elle/on aime
faire (to do/make)	**être** (to be)
je fais	je suis
tu fais	tu es
il/elle/on fait	il/elle/on est

H 5 Underline the correct words to complete the sentences.

1 À **mon / ma / mes** avis, c'est **un / une** bonne idée.
2 Non, je ne **suis / es / est** pas seul, mais ça m'est égal.
3 Il y **a / ai** des concerts **au / aux** stade.
4 On **peux / peut** voir des chanteurs africains et **du / des** groupes.
5 Elle déteste **fais / faire** de la danse avec ses copines.
6 Est-ce que tu **aime / aimes** regarder le Tour de France?

F 6 Translate these sentences into French.

1 I like playing football. J'aime jouer ....

make sure to include the verb faire

2 Clément hates swimming. ....
3 You don't like playing football. ....
4 In my opinion, it's a bad idea. ....
5 Do you like doing sport with me? ....

use est-ce que to start a yes/no question

H 7 Translate these sentences into English.

1 Salut, je m'appelle Nadia. Enchantée!
....

2 J'adore danser et je vais au club de danse de mon collège.
....

3 Notamment, ce soir, il y a un concert en ville.
....

4 Est-ce que tu aimes la musique et la danse?
....

5 Mes parents détestent la musique, cependant mon frère Jérôme adore toutes sortes de musique.
....

AQA GCSE French © Pearson Education Limited 2025

1 Ma vie en ligne
Using the present tense of regular -er verbs

1 Write the French for these adjectives in the crossword.

1. rubbish
2. dangerous
3. fun
4. great
5. super
6. boring

2 Fill in the missing vowels in these frequency expressions.

1. all the time

    t.o.u.t l......... t.........mps

2. every day

    t.........s l.........s j.........rs

3. every weekend

    t.........s l.........s w.........k-.........nds

4. often

    s....................nt

5. sometimes

    ....rf.........s

6. from time to time

    d......... t.........mps ....n t.........mps

> **G**
> There are many regular -er verbs in French. They work like this in the present tense:
> jou**er** (to play)
> je jou**e**   I play   nous jou**ons**   we play
> tu jou**es**   you (singular) play   vous jou**ez**   you (plural or polite) play
> il/elle/on jou**e**   he/she plays / we play   ils/elles jou**ent** they play
>
> envo**yer** (to send) changes **y** to **i** in these forms:
> j'envo**ie** tu envo**ies** il/elle/on envo**ie** ils/elles envo**ient**

---

3 Separate the words and write out the sentences.

1. jecouteunechanson   J'écoute ....
2. jepartagedesvidéos   ....
3. elleenvoiedessMS   ....
4. nousachetonsdescadeaux   ....
5. tujouesàdesjeux   ....
6. jeregardesouventdesfilms   ....

> Check the verb endings in the grammar box.

8   AQA GCSE French © Pearson Education Limited 2025

Module 1
Student Book pp. 8–9

4 Write the correct form of these verbs.

1 je (parler) .... 5 tu (prêter) ....

2 elle (tchatter) .... **H** 6 nous (télécharger) ....

3 vous (envoyer) .... **H** 7 il (cliquer) ....

4 on (ressembler) à .... **H** 8 je (assister) ....

H 5 Draw lines to match up the parts of the sentence.

1 Tu   parle   des images et des selfies sur les réseaux sociaux.
2 Elle   détestez   diffuser des vidéos sur Internet.
3 Nous   écoutons   de la musique sur un portable.
4 J'   partages   un nouveau portable.
5 Vous   envoient   avec ses amis québécois tous les jours.
6 Elles   achète   des messages tout le temps.

F 6 Translate these sentences into English.

1 J'adore les réseaux sociaux comme TikTok. ....

2 Tu parles avec ta famille au Canada, surtout ton oncle. ....

3 Ils partagent des photos chaque week-end. ....

4 Qu'est-ce que tu fais dans le salon? ....

5 Elle n'aime pas écrire des e-mails. ....

H 7 Translate these sentences into French.

> ✓ Remember that with 'my' and 'friends' need to be plural.
> ✓ Make sure that 'sometimes' goes after the verb.
> ✓ Use ses for 'friends' and sa for 'family'.

1 What do you do online?
....

2 Me, I play games with my friends every day and I often download songs.
....

3 In my opinion, the internet is essential, however there are sometimes security risks.
....

4 In spite of that, it's very important to communicate with friends and family.
....

5 My dad sometimes shares photos on his favourite app!
....

2 Tu as une vie active?
Using the present tense of irregular verbs

1 Unjumble the letters to rewrite the activities correctly.

1 le lové ....   3 le ooft ....   5 la tanaiton ....

2 la simuueq ....   4 la iscunie ....

2 Complete each sentence using a word from the box.

~~piscine~~ football cuisine active groupe équipe rien été

1 Je vais à la *piscine*.

2 Je joue au ....

3 Il fait de la ....

4 Je ne suis pas ....

5 Tu joues dans un ....

6 Elle joue dans l'........................ du collège.

7 D'habitude, je ne fais ....

8 En ...., je vais à la plage.

> The following key verbs are **irregular** in the **present tense**. Singular forms:
>
> | aller (to go) | avoir (to have) | être (to be) | faire (to do/make) |
> |---|---|---|---|
> | je vais | j'ai | je suis | je fais |
> | tu vas | tu as | tu es | tu fais |
> | il/elle/on va | il/elle/on a | il/elle/on est | il/elle/on fait |

3 Complete the missing words in these parallel translations.

1	Je *fais* du sport avec mo...	... sport *with* my ....
2	.... écoute de la .... dans ... chambre.	She listens to music in her ....
3	On .... souvent à la	We .... go to the swimming pool.
4	Tu es vraiment sportif et a...	.... are really .... and active.
5	Je .... au p... avec mon chien.	.... go to the .... with .... dog.
6	La participation .... très importante pour moi.	Participation is ....

4 Rewrite these sentences, correcting the verb mistake in each one.

1 Je <u>vas</u> à ce ... rt – le programme est excellent.

....

2 Elle <u>fais</u> souvent de la natation – c'est gratuit pour elle!

....

3 D'habitude, il n'<u>es</u> pas très sportif.

....

4 Je ne <u>fait</u> jamais de sport; c'est un défi pour moi.

....

> Plural forms:
>
> | aller (to go) | avoir (to have) | être (to be) | faire (to do/make) |
> |---|---|---|---|
> | nous allons | nous avons | nous sommes | nous faisons |
> | vous allez | vous avez | vous êtes | vous faites |
> | ils/elles vont | ils/elles ont | ils/elles sont | ils/elles font |

Module 1
Student Book pp. 10–11

H 5 Mon équipe <u>ai</u> une position très faible.

....

H 6 Tu <u>a</u> une famille assez ordinaire.

....

H 5 Rearrange the sections of text to create a paragraph starting with section 6.

1. mes parents ne font pas de
2. actives et nous allons souvent
3. piscine. Ils préfèrent la musique
4. et ils vont souvent à des concerts.
5. au centre sportif. Nous faisons
6. Moi et mes amies, nous sommes très
7. de la natation tous les jours. Cependant,
8. sport. Ils ne vont jamais à la

Moi et mes amies, nous sommes très ....

....
....
....
....
....
....
....

F 6 Translate these sentences into French.

1. I am not very active. *Je ne suis* ....

   often goes after the verb in French

2. She often goes to the swimming pool with ....

3. I play football in the school team. ....

4. He has a music lesson today. ....

   use a part of faire, not aller

5. Normally I go cycling with my brother. ....

H 7 Translate these sentences into English.

1. Les applis pour partager les photos sont indispensables pour moi.

   ....

2. Je passe beaucoup de temps devant un écran numérique (haute définition bien sûr!).

   ....

3. Je parle souvent à mes amis au Canada, et ils partagent des photos sur leurs blogs.

   ....

4. Le week-end, je vois mes amis du collège qui sont tous assez sportifs.

   ....

5. Nous faisons des activités ensemble, ou nous allons au centre sportif, et après ils vont au café.

   ....

AQA GCSE French © Pearson Education Limited 2025

3 Qu'est-ce que tu regardes?

Forming and answering questions

1 Write the correct English word or phrase next to each type of video content.

1 les vidéos de danse ....
2 les émissions de sport ....
3 les films ....
4 les vidéos de cuisine ....
H 5 les séries ....
H 6 la publicité ....

2 Read the questions. Complete the missing words in the answers.

1 Qu'est-ce que tu regardes? Je regarde des _émissions_ de sport.
2 Quand est-ce que tu regardes des films? Je .... des films le soir ou le week-end.
3 Comment est-ce que tu regardes des vidéos? Je préfère regarder .... en streaming.
4 Avec qui est-ce que tu regardes la télé? Je .... la télé .... ma petite sœur.
5 Quel est ton film préféré? .... Le Roi Lion.
H 6 Est-ce que les critiques sont bonnes? Oui, ... sont bonnes.

> **G**
> quel/quelle/quels/quelles + noun means 'which …?' or 'what …?'.
> It is an adjective and has to agree with the noun it refers to.
>
> | masculine singular | feminine singular | masculine plural | feminine plural |
> |---|---|---|---|
> | **quel** cinéma? | **quelle** vidéo? | **quels** films? | **quelles** chansons? |

3 Complete each sentence using a word from the box.

> quel   quelles   quelle   quelle   quels   quelle

1 .... vidéo regardes-tu en premier?
2 Tu détestes .... film?
3 Tu préfères .... matière?
4 .... photos aimes-tu?
5 Tu adores .... sports?
6 Vous aimez .... cinéma?

4 Separate the words and write out the questions.

1 Lefilmfinitàquelleheure?   Le film ....
2 Tuvoudraisvoirquelleémissioncesoir?   ....
3 Avecquiestcequetuaimesregarderdesvidéos?   ....
H 4 Vouspréférezvoirqueltypedesérie?   ....
H 5 Pourquoiestcequevousaimezêtresurscène?   ....
H 6 Quelleestlarelationentrelesacteurs?   ....

Module 1
Student Book pp. 12–13

H 5 Write answers to each of the questions using the prompts given.

Re-use as many words from the question as you can.

1 Tu voudrais voir quel type de film?   action

   Je …..

2 Le film commence à quelle heure?   20h30

   Le …..

3 Comment est-ce qu'on va au cinéma?   en bus

   On …..

4 Quand est-ce que nous finissons?   22h00

   Nous …..

F 6 Translate these sentences into English.

1 J'adore regarder des émissions de science.
   ....

2 Mon ami Jules aime aller au cinéma.
   ....

3 Parfois il regarde des émissions de cuisine.
   ....

4 Elle poste souvent des vidéos négatives.
   ....

5 Quel est ton film d'action préféré?
   ....

H 7 Translate these sentences into French.

✓ Remember that 'often' goes after the verb.
✓ Take care with the plural form.

1 Hi Ahmed, how are you?
   ....

2 What do you like watching on TV?
   ....

3 I love cooking programmes because I often cook with my brother.
   ....

4 We love to make cakes together, especially at the weekend.
   ....

5 I sometimes go to the cinema, however I prefer to watch films at home because it's quieter.
   ....

AQA GCSE French © Pearson Education Limited 2025

4 Qu'est-ce qu'on va faire?
Using the near future tense

1 Separate out the words and phrases. Write the correct French word or phrase next to each time expression.

cesoirdemainàdixheuresetdemieàminuitaujourdhuicetaprèsmidicematinàneufheures

1 tomorrow ....
2 at nine o'clock ....
3 today ....
4 this afternoon ....
5 at midnight ....
6 this morning ....
7 at half past ten ....
8 this evening ....

2 Fill in the gaps using a verb from the box. You can use each verb more than once.

aller   faire   jouer   acheter

1 *jouer* au foot
2 .... un cadeau
3 .... au centre commercial
H 4 .... de la cuisine
5 .... au ci........
6 .... les magasins
7 .... u club de jeunesse
8 .... des achats

3 Rewrite these sentences, correcting the verb mistake in each one.

1 Je <u>vas</u> manger avec ma famille.
   Je vais manger ....

2 Elle <u>vont</u> acheter un cadeau d'anniversaire...
   ....

3 Ils <u>vais</u> faire une promenade ce soir.
   ....

4 Nous <u>allez</u> aller en ville cet après-midi.
   ....

5 Tu <u>vais</u> partir à midi demain?
   ....

> **G** You can use the present tense of *aller* (to go) + an **infinitive** to refer to the future.
> This is called the **near future tense**.
> je vais **aller** au match
> tu vas **attendre** le bus
> il/elle/on va **surprendre** le prof
> nous allons **visiter** le musée
> vous allez **voir** un spectacle
> ils/elles vont **partir** à midi

4 Rewrite each sentence, putting the words into the correct order. The first word of each sentence has been <u>underlined</u>.

1 vais   centre   commercial   <u>Je</u>   aller   au
   Je vais aller ....

2 prendre   <u>On</u>   le   à   demie   neuf   va   heures   et   bus
   ....

3 les   <u>Nous</u>   cet   faire   magasins   allons   après-midi
   ....

4 il   <u>Ensuite</u>   faire   devoirs   va   ses
   ....

> Use the examples in the grammar box above to help spot the things that will go towards the start of the sentence.

Module 1
Student Book pp. 14–15

5 cinéma vont un d'action au Puis pour aller voir film ils

....

6 demain Qu'est-ce allez que soir faire vous ?

....

H 7 d'anniversaire va renvoyer son Lucie cadeau

....

H 8 amener mon vais le prochain Je week-end ami

....

H 5 Underline the subject and verb(s) in each sentence. Then tick the correct box to show which tense is used.

	present tense	near future tense
1 Je vais souvent au parc car c'est très tranquille.	☐	☐
2 Elle va visiter le château avec ses enfants.	☐	☐
3 Vous allez au centre sportif tous les jours.	☐	☐
4 D'habitude, il va au restaurant le samedi soir.	☐	☐
5 Demain matin, tu vas jouer au foot avec moi.	☐	☐
6 Non, désolé(e), je ne vais pas prendre le bus avec...	☐	☐

F 6 Translate these sentences into French.

1 This morning, I am going to play football. ....

2 She is going to take the bus at eleven o'clock. ....

ne ... pas goes around the first verb

3 I am not going to go to the park. ....

4 Tomorrow, we are going to visit the museum. ....

5 Are you going to come with us? ....

H 7 Translate these sentences into English.

1 Demain, je vais aller en ville avec des copains.

....

2 On va faire des achats.

....

3 Mon ami Enzo veut acheter un nouveau chapeau – il dit que son chapeau est trop ordinaire.

....

4 Ensuite, on va manger au restaurant vers une heure.

....

5 L'après-midi, les autres vont voir un film courant au cinéma, mais je veux rentrer chez moi pour finir mes devoirs – c'est dommage! À bientôt!

....

AQA GCSE French © Pearson Education Limited 2025   15

5 Qu'est-ce que tu as fait?
Using the perfect tense

1 Write the correct French word next to these adjectives and then find them in the word search.

1 fun ....
2 expensive ....
3 great ....
4 nice ....
5 perfect ....
6 exciting ....
7 boring ....
8 rubbish ....
9 kind ....

É	B	A	R	X	H	C	Y	M	T	S
M	F	A	M	U	S	A	N	T	I	Y
G	L	P	G	E	C	G	L	R	A	M
E	L	É	H	Y	I	É	L	A	F	P
N	U	F	B	U	M	N		H	R	A
T	N	A	N	N	O		S	S	A	P
I	M	H	D	N		A	Y		P	E
L	M	C	H	E	R			P	É	

2 Choose pairs of boxes from the grid to make sentences in the perfect tense.

~~J'ai joué~~	un thé	j'ai lu	la télé		j'ai visité	livre	j'ai inventé
des photos	j'ai bu	~~au foot~~	Paris	j'ai mangé	une app	j'ai pris	j'ai regardé

J'ai joué au foot. ....
....

G Use the perfect tense to refer to the past. It is formed of two parts:
1 the auxiliary verb (part of **avoir** or **être**)
2 the past participle

You form the past participle of regular **-er** verbs like this:
chanter (to sing) → chant**é**
j'ai chanté (I sang), il/elle/on a chant**é** (he/she/we sang)

The following verbs have an irregular past participle:
boire (to drink) → j'ai **bu** (I drank)
faire (to do/make) → j'ai **fait** (I did/made)
lire (to read) → j'ai **lu** (I read)

3 Circle the correct auxiliary verb and then translate the shaded part of each sentence into English.

1 Il **a** / **est** allé en ville.   He went ....
2 Tu **as** / **es** fait tes devoirs – c'était un grand succès!   ....
3 Nous **avons** / **sommes** restés à la maison.   ....
4 Ils **ont** / **sont** acheté un nouveau vélo.   ....
5 Elle n' **a** / **est** pas allée au marché en ville.   ....
6 Vous **avez** / **êtes** écrit une chanson que j'aime bien.   ....

G For verbs that take **être** as the auxiliary verb, e.g. *aller* (to go) and *rester* (to stay), the past participle must agree with the subject:
elle **est** allé**e** (she went)   ils **sont** allé**s** (they went)

16 AQA GCSE French © Pearson Education Limited 2025

Module 1
Student Book pp. 16–17

4 Complete these sentences with the correct form of *avoir*.

1 L'année dernière, j'..ai.. lu vingt livres.
2 À midi, il n'........................ pas mangé de frites.
H 3 J'........................ persuadé mon frère de boire du lait.
H 4 Elle .... amené son chien à la plage.
H 5 Ce matin, vous .... reçu au moins dix appels.
H 6 Nous .... fini nos devoirs au premier essai.
H 7 Tu n'........................ pas regardé les publicités dans le bus.

> **G** In the perfect tense, negatives go around the part of *avoir* or *être*: *Je **n'**ai **pas** acheté de souvenirs.* (did not)

H 5 Rewrite each sentence, putting the words into the correct order. The first word in each sentence has been underlined.

1 concert de / frère / <u>Samedi dernier</u> / je / Taylor Swift / allé / à un / suis / avec on
....
2 à côté / <u>D'abord</u> / mangé / dans un / du stade / restaurant / avons / nous / juste
....
3 je / <u>À la fin</u> / acheté / pas / un tee-shirt / j'ai / acheté / mais / ai / de poster
....
4 il y avait / vraiment / fans de / formidable / et / beaucoup de / Taylor Swift / <u>C'était</u>
....

> *c'était* — it was

F 6 Translate these sentences into English.

1 Lundi dernier, j'ai fait les magasins avec mon frère. ....
2 Pour commencer, j'ai acheté un pantalon. ....
3 Ensuite, mon frère est allé au centre sportif. ....
4 Il a joué au foot avec son amie suisse. ....
5 C'était amusant et il était très content. ....

H 7 Translate these sentences into French.

1 Last weekend I went to Paris with my family.
....
2 It was very nice but a bit expensive, especially the museums.
....
3 On Saturday morning we took the train; the journey was quite long.
....
4 In the evening, we watched a concert.
....
5 On Sunday we stayed at the hotel because I was very tired!

> use *fatigué(e)*

AQA GCSE French © Pearson Education Limited 2025

6 J'ai participé aux Jeux de la Francophonie!
Understanding and asking questions in the perfect tense

1 Draw lines to match up the French question words with their English translations.

1 quand   a where
2 où   b why
3 comment   c with whom
4 avec qui   d when
5 à quel âge   e how
6 pourquoi   f at what age
7 combien   g how much / how many

2 Complete the missing words in these parallel translations.

1	Tu es de quel pays?	Which .... are you from ....
2	Je suis de France.	I .... from ....
3	.... as-tu participé aux Jeux?	When did you .... in the ....
4	.... participé aux Jeux en	I participated in the games in June.
5	Est-ce que tu .... gagné?	.... you ....?
6	Non, ... fin...., troisième position.	.... but I finished in .... position.

> **Questions** in the **perfect tense** can use **inversion**.
> The subject swaps places with the first verb, with a hyphen in between.
> _Tu as_ participé aux Jeux de la Francophonie? ▶ _As-tu_ participé aux Jeux de la Francophonie?
> When there is a question word, it comes at the start of the question:
> _Quand_ as-tu participé aux Jeux de la Francophonie?
> Inversion is <u>not</u> used with questions that start with _Est-ce que...?_ or _Qu'est-ce que...?_

3 Rearrange the shaded words and write out the questions in full.

1 ...... quand ..... tu au ....néma? ....
2 a... .... quoi ...hete une voiture? ....
3 tu avec as joué qui au football? ....
4 as mang.... où hier soir? ....

4 Circle the verb mistake in each sentence and then write out the correct form of the verb.

1 Comment est-ce que tu écouter la radio? ....
2 Quand es-tu fait tes devoirs de maths? ....
3 Est-ce que tu préfère le théâtre ou la danse? ....
4 Qu'est-ce qu'ils fait au centre commercial aujourd'hui? ....

Module 1
Student Book pp. 18–19

H 5 Avec qui sont-elles allés en France le mois dernier? ....

H 6 Pourquoi avez-vous choisir d'étudier le français? ....

H 5 **Translate these sentences into French using words from the grid.**
You will need to use some words twice.

le week-end	es-tu	la cuisine	est-ce que	à quel âge	allé
une nouvelle	faire	tu es	acheté	as-tu	avec moi
d'accord	qu'est-ce que	à ta sœur	quand	à chanter	prêté
tu as	maison	commencé	à Paris	tu aimes	pourquoi

1 Do you like doing the cooking? Est-ce que tu aimes ....

2 When did you go to Paris? ....

3 What do you like doing at the weekend? ....

4 At what age did you start to sing? ....

5 Why did you buy a new house? ....

6 What did you lend to your sister? ....

7 Do you agree with me? ....

F 6 **Translate these sentences into French.**

1 I cycle at the sports centre. ....

2 She plays football every evening. ....

use the verb marcher in the perfect tense

3 I walked in the countryside. ....

4 I participated in the games last year. ....

5 When did you eat at the café? ....

after 'when', invert the subject and the first verb

H 7 **Translate these sentences into English.**

les dix jours sans écrans — ten days without screens

1 Les dix jours sans écrans, est-ce que tu penses que c'est une bonne idée ou une mauvaise idée?

....

2 Ce n'était pas difficile pour les adultes, mais pour moi, c'était un peu nul.

....

3 Je n'ai pas regardé de vidéos et la lecture ne m'intéresse pas.

....

4 Cependant, j'ai passé le week-end dernier avec ma famille et nous avons fait du vélo ensemble – c'était très amusant!

....

5 Et toi, qu'est-ce que tu as fait pendant les dix jours sans écrans?

....

Glossary

bold = this word will appear in Higher exams only

à	at, to, in, on
à la / à l'	at/to/in/on the (f)
achat (m)	purchase
acheter	to buy
activité (f)	activity
adorer	to love
adulte (m/f)	adult
africain	African
âge (m)	age
ai	(I) have
aimer	to like
amener	to bring (someone)
ami (m)	friend
appel (m)	call
appli(cation) (f)	app
après	after
après-midi (m)	afternoon
as	(you) have
assister à	to assist, to attend
attendre	to wait (for)
au / à l'	at/to/in/on the (m)
aujourd'hui	today
aux	at/to/in/on the (pl)
avec	with
avez	(you) have
avis (m)	opinion
avons	(we) have
bien	well
bientôt; à bientôt	soon; see you soon
blog (m)	blog
boire	to drink
bon	good (m)
bonne	good (f)
ça	that, it
ça m'est égal	I'm not bothered
ce / cet / c'	this, that, it (m)
centre (m)	centre
cependant	however
chambre (f)	bedroom
chanson (f)	song
chanter	to sing
chaque	each, every

château (m)	castle
chatter	to chat
chez	to/at/with (the place of)
chose (f)	thing
cinéma (m)	cinema
cliquer	to click
club	club
collège	secondary school
combien	how much/many
comme	like, as
commencer	to start
comment	how
commercial	commercial
concert (m)	concert
concurrence (f)	competition
content	pleased
copain (m)	friend, boyfriend
copine (f)	friend, girlfriend
courant	current
critique (f)	criticism, critic
cuisine (f)	cooking, kitchen
d'abord	firstly
dangereux	dangerous
dans	in
danser	to dance
de / d'	of, from
de la / de l'	of the, from (the) (f)
défi (m)	challenge
définition (f)	definition
demain; à demain	tomorrow; see you tomorrow
demi	half
dernier	last
des	of the, from (the) (pl)
désolé	sorry
détester	to hate
devant	in front of
diffuser	to diffuse/broadcast
dommage	what a shame
du / de l'	of the, from (the) (m)
écouter	to listen (to)

Module 1: Glossary

élire	to elect
elle	she
émission	TV programme
en	in, by, to
enchanté	pleased to meet you
ennuyeux	boring
es	(you) are
essai (m)	attempt, try, test
est	(she/he/it/one) is
est-ce que / est-ce qu'	questioning device
et	and
était	(she/he/it/one) was
être	to be
faire	to do/make
fais	(I/you) do/make
faisons	(we) do/make
fait	(she/he/it/one) does/makes
famille (f)	family
film (m)	film
fin (f)	end
finir	to finish
foot(ball) (m)	football
formidable	terrific
génial	great
gentil	kind
gratuit	free (of charge)
il	he/it
il est + time	it is + time
ils	they
image (f)	image
indispensable	essential
information (f)	information
instrument (m)	instrument
Internet (m)	Internet
je	I
jeu (m)	game
jeunesse (f)	youth
jouer	to play
jour (m)	day
le / la / l' / les	the
lecture (f)	reading
ligne (f)	line

livre (f)	pound
livre (m)	book
ma	my (f)
mais	but
manger	to eat
match (m)	match
matin (m)	morning
midi (m)	noon
minuit (m)	midnight
mois (m)	month
mon	my (m)
ne… jamais	never, not ever
ne… pas (de)	not (any)
ne… rien	not anything, nothing
négatif	negative
notamment	notably
nous	we
numérique	digital
on	everyone, you, one, we
ordinaire	ordinary (m, f)
parce que / qu'	because
parfois	sometimes
parler	to talk
participation (f)	participation
partir	to leave
persuader	to persuade
peu	a bit
peux	(I/you) am/are able to, can
photo (f)	photo
portable (m)	mobile phone
position (f)	position
pour	for, in order to
préféré	favourite
préférer	to prefer
premier	first
première	year 12
prendre	to take
prêt	ready
prêter	to lend
programme (m)	schedule
promenade (f)	walk
pub(licité) (f)	advert
puis	then, so

Module 1: Glossary

quand	when
quart (m)	quarter
que / qu'	what, that
québécois	from Quebec
radio (f)	radio
relation (f)	relationship
renvoyer	to send back
rester	to stay
rythme (m)	rhythm
salon (m)	lounge, living room
sans	without
sécurité (f)	security
selfie (m)	selfie
série (f)	series
seul	alone
SMS (m)	SMS
social	social
soir (m)	evening
sommes	(we) are
souvent	often
spectacle (m)	sight, show
sport (m)	sport
sportif	sporty
streaming (m)	streaming
succès (m)	success
suis	(I) am
suisse	Swiss
super	great
sur	on
surprendre	to surprise
surtout	especially
ta	your (f)
tchatter	to chat
te / t'	you
télé(vision) (f)	television
télécharger	to download
ton	your (m)
tous	all, the whole
tout	everything, all
tranquille	quiet (m, f)
très	very
trop	too (much/many)
tu	you
type (m)	type, guy
va	(she/he/it/one) goes
vais	(I) go
vas	(you) go
vélo (m)	bike
venir	to come
veux	(I/you) want (to)
victoire (f)	victory
vidéo (f)	video
visiter	to visit
voir	to see
vont	(they) go
voudrais	(I/you) would like

Notes

Zone de culture Libre d'être moi
Using emphatic pronouns

1 Write the correct French word from the box next to each English word.

1 personality ....
2 friends.............................
3 language.............................
4 identity.............................
5 independence.............................
6 religion.............................
7 rights.............................
H 8 community.............................
H 9 respect.............................
H 10 republic.............................

> la langue
> le respect
> la république
> les droits
> la communauté
> la personnalité
> la religion
> l'indépendance
> les amis
> l'identité

2 Complete each sentence using a word from the box.

1 Hugo est né en *France*.
2 Maintenant, il .... au Canada.
3 Il a un ...., âgé de 14 ans, qui s'appelle Luis.
4 Il est intelligent et ....
5 Il parle français et ....
6 Il est ...., ce qu'il trouve embêt....
H 7 Il lutte pour la .... et la diversit....
H 8 Ce qui fait son ...., c'est la co......nauté.

> identité
> démocratie
> anglais
> ~~France~~
> habite
> ...lme
> c...ataire
> frè...

> Emphatic pronouns are used ofte... prepositi...s such as **pour, avec, sans** and **à**:
> *sans moi* — with...t me   av... toi — with you **G**

3 Separate out the words to make s...rate s...nces. Then underline the emphatic pronoun in each sentence.

1 masœurn'estpas...ujours...ordave...moi

   Ma sœur ....

2 mo......ousi...estgayetr...ttoujourslàpourmoi

   ....

3 e...............elatradit...nestimportantepourtoi ?

   ....

4 j'aimepass...autempsavectoi !

   ....

5 cequiestimportantpourmoic'estmonidentitéetmapersonnalité

   ....

> **H** Other emphatic pronouns are: **G**
> *pour lui* — for him
> *à elle* — to her
> *sans nous* — without us
> *avec vous* — with you
> *pour eux* — for them
> *à elles* — to them

4 Rewrite each sentence, putting the words into the correct order. The first word is underlined.

1 père   et   du   <u>Mon</u>   lui   passer   non-binaire   temps   est   j'aime   avec

....

Module 2
Student Book pp. 32–33

2 (est) (Est-ce) (importante) (toi ?) (religion) (pour) (la) (que)

....

3 (pour) (parents) (moi) (toujours) (sont) (là) (Mes)

....

H 4 (mes) (je) (sans) (suis) (copains,) (seul) (J'adore) (eux)

....

H 5 (avec) (pour) (je) (important) (d'accord) (mes) (est) (tantes) (Prier) (et) (suis) (elles)

....

H 6 (communauté) (est) (cousins) (mes) (marocains) (La) (importante) (pour)

....

H 5 Circle the correct emphatic pronoun to complete the sentences.

1 Je pense qu'il faut respecter les autres. Pour **eux / moi / nous**, il est important de lutter pour l'égalité des gens.

2 Ma sœur est bisexuelle et mon cousin est américain. Pour **moi / lui / eux**, la communauté est une chose très puissante.

3 Ce qui fait l'identité de ma mère, c'est entièrement sa langue et ses enfants. Je ne suis pas d'accord avec **elle / lui / vous**.

4 J'aime passer du temps avec ma famille, surtout mon oncle. Avec **il / moi / lui**, je suis calme; il est effectivement mon héros.

5 Heureusement, mes parents aiment passer du temps avec moi et mon frère. Sans **moi / nous / toi**, ils se sentent seuls.

6 La foi, la paix et le courage sont importants pour mes tantes queer. Je suis d'accord avec **lui / elles / eux**.

F 6 Translate these sentences into French.

> Remember to check if the noun is masculine, feminine or plural.

1 I am straight and my brother is non-binary. ....
2 My religion is important to me. ....
3 My mother speaks English and French. ....
4 I love my sister; she is very fun. ....
5 What defines my identity is my personality. ....

H 7 Translate these sentences into English on a separate sheet.

1 Qu'est-ce qui fait ton identité et pourquoi?

2 Pour moi, la paix et le courage sont extrêmement importants.

3 C'est à nous tous de respecter tout le monde, et de reconnaître les opinions des autres.

4 Mon frère a un handicap et j'adore passer du temps avec lui; je donne aussi de l'aide aux autres.

5 En plus, le mariage du même sexe est un droit humain à mon avis.

1 Un week-end en famille
Using reflexive verbs in the present tense

1 Translate these words into French.

1 girl ....
2 sister ....
3 family ....
4 mother ....
5 son ....
6 step-dad ....
7 brother ....
8 uncle ....
9 woman ....
10 parents ....

> ⭐ Don't forget the definite articles (*le/la/l'/les*).

2 Draw lines to match up the French time expressions with their English translations.

1 le dimanche matin
2 le samedi soir
3 après
4 ensuite
5 plus tard
6 à 20 heures
7 aujourd'hui
8 puis

a after
b then
c today
d on Sunday morning(s)
e at 8 o'clock
f next
g on Saturday evening(s)
h later

> **G** Some verbs have a reflexive pronoun that goes before the verb. Lots of daily-routine verbs are reflexive.
>
> | *se* relaxer | | on *se* relaxe | we relax |
> |---|---|---|---|
> | je *me* relaxe | I relax | nous *nous* relaxons | we relax |
> | tu *te* relaxes | you relax | vous *vous* relaxez | you relax |
> | il/elle *se* relaxe | he/she relaxes | ils/elles *se* relaxent | they relax |

3 Translate these sentences into French. Put the words into the correct order.

1 On Saturday mornings, I get up at 8 o'clock.   je   le samedi   matin   lève   à huit heures   me

....

2 I wash myself and get ready.   je   je   me lave   me prépare   et

....

3 After, I relax with my family.   me   avec   ma famille   je   après

....

4 Later, at 11 o'clock, I go to bed.   à 23 heures   couche   je   plus tard   me

....

5 On Sunday mornings, I work in a shop.   je travaille   le dimanche   dans   matin   un magasin

....

6 On Monday mornings, I get up early because I go to school.   au collège   le lundi matin   car   tôt   je me   je vais   lève

....

Module 2
Student Book pp. 34–35

4 Complete each sentence using an ending from the box. There are more endings than gaps.

1 Ma belle-mère se lève tôt le matin car elle aide son ....

2 Fathia habite au Canada avec ....

3 Je me relaxe avec ....

H 4 Le soir, Emma se repose dans le jardin avec ses ....

H 5 Actuellement je vis avec mon père et je me couche tôt, sauf ....

H 6 Mon père s'occupe de son ....

> cousins belges
> le week-end
> jardin le week-end
> mes amis après le collège
> son beau-père et son mari
> père dans la cuisine
> connu pour ses belles fleurs
> avec soin
> vivre avec ses relations
> patient et sensible

H 5 Complete the sentences with the correct reflexive pronoun (*me, te, se, nous* or *vous*).

1 Le matin, mon père, il .... prépare en un instant et puis il prépare le petit-déjeuner.

2 Mon frère aîné et moi, nous .... lavons tôt pour aller au centre sportif où nous rions ensemble.

3 Vous .... levez à quelle heure le vendredi ?

4 Je .... repose avec ma sœur le week-end, on garde le chien ensemble.

5 Mes frères, ils .... inscrivent au club dans le centre sportif.

6 Tu .... reposes souvent à la maison.

7 Autrement, ma mère .... occupe de son jardin le dimanche après-midi.

8 Est-ce que vous .... couchez tard le samedi soir ?

F 6 Translate these sentences into English.

1 Dans ma famille il y a quatre personnes. ....

2 J'habite avec mon père et mes deux sœurs. ....

3 Le samedi matin, je me lève à dix heures. ....

4 Ensuite, je me promène avec mon groupe d'amis. ....

5 Plus tard, à 23 heures, je vais au lit. ....

H 7 Translate these sentences into French on a separate sheet.

> Use either *on* or *nous*.

1 I live with my two dads and my grandparents; we relax together at the weekend.

2 On Saturday afternoons I stay at home and I play games in my bedroom.

> Remember that this needs to be plural; the ending for 'they'.

3 My dads look after the garden in the afternoon.

4 On Sunday evenings I go to bed very late but on Monday mornings I get up early.

5 What do you do at the weekend?

2 L'amitié est la clé du bonheur
Making adjectives agree

1 Crack the code to find the French words. Complete the key below as you go along – each symbol is one letter. Then match the words to their English translations in the box.

	French word	English translation
1 A C T £ $	....	....
2 E ? ? U ! E U X	....	....
3 S P O R ^ £ $	....	....
4 S ! M P A	....	....
5 ^ R A V A £ % % E U R	....	....
6 $ £ E R	....	....
H 7 % £ B É R A %	....	....

sporty
hard-working
active
liberal
boring
proud
nice

£		$		!		^		%		?	

2 Complete each sentence using a word from the box. There are more words than gaps.

1 Un bon .... pour moi est sympa et pos...
2 Je préfère .... d'amis amusants.
3 J'aime avoir des groupes d'amis ....
4 Mes amis sont .... série...
5 Un bon ami écoute mes ....
6 Je n'aime pas avoir beaucoup d'amis en ....

différents
problèmes
ligne
ami
égal
beaucoup
souvent

> **G** Adjectives in French agree with the gender of the noun they are describing and whether it is singular or plural. Most adjectives follow this pattern:
>
> | masculine | feminine | masc plural | fem plural |
> |---|---|---|---|
> | amusant | amusant**e** (add -e) | amusant**s** (add -s) | amusant**es** (add -es) |
>
> Some follow different patterns:
>
> | | masculine | feminine | masc plural | fem plural |
> |---|---|---|---|---|
> | -eux | sérieux | sérieu**se** | sérieux | sérieu**ses** |
> | -f | actif | acti**ve** | actif**s** | acti**ves** |
> | -er | fier | fi**è**r**e** | fier**s** | fi**è**r**es** |
>
> Some do not change: for example, *sympa*. Some are irregular, for example:
>
> | masculine | feminine | masc plural | fem plural |
> |---|---|---|---|
> | vieux | vie**ille** | vieux | vie**illes** |

3 Put the adjectives from the box into the correct column.

masculine	feminine	masc plural	fem plural
....	....	....	....
....	....	....	....
....	....	....	....
....	....	....	....

amusants travailleur
actifs sportif
sérieuse amusant
actives travailleuses
sérieux amusantes
travailleuse ennuyeux
sportive travailleurs
amusante ennuyeuses

Module 2
Student Book pp. 36–37

4 Complete the sentences on the right so that the adjectives agree with the new subject.

1. Mon frère, il est tout le temps très patient.   Ma mère, elle est tout le temps très patiente.
2. Mon ami Théo est ennuyeux.   Mes amis Théo et Yasmine, sont ....
3. Mes sœurs ne sont pas du tout travailleuses.   Mon père n'est pas du tout ....
4. Mes amies sont souvent actives.   Mon ami est souvent ....
5. Est-ce que tu te définis comme libéral?   Est-ce qu'elles se définissent comme ....?
6. Je suis parfaitement sérieux!   Mes frères sont parfaitement ....!
7. Je pense que je suis sensible et intelligent.   Je pense que Marie est sensible et ....
8. Mes frères sont fiers de moi.   Ma mère est .... de moi.

5 Rearrange the sections of text to create a paragraph starting with section ...

1. sœur. Elle sourit beaucoup mais elle
2. réel mais j'ai aussi
3. sérieux et toujours sympa. On se relaxe
4. ~~La plupart du temps je~~
5. souvent ensemble. Mais je ne m'entends pas bien avec ma
6. s'excuse toujours. Mes amis
7. m'entends très bien avec mon père. Il est
8. sont importants pour moi. J'ai besoin d'amis dans le monde
9. des comptes en ligne où j'ai beaucoup d'amis.
10. est souvent embêtante. Pourtant elle

La plupart du temps je ....

6 Translate these sentences into French.

Use a reflexive verb.

1. I get on well with my mother.
2. She is nice but always serious.
3. I prefer a calm group of friends.
4. My friends are funny and hard-working.
5. Do you get on well with your parents?

7 Translate these sentences into English on a separate sheet.

1. À mon avis il est important d'avoir beaucoup d'amis sympa; je veux toujours être au milieu!
2. Un bon ami a les mêmes intérêts que moi et on rit ensemble, mais on se dispute de temps en temps.
3. Quand je suis triste, mes amis écoutent mes problèmes.
4. Je m'entends bien avec mon meilleur ami; il aime les mêmes activités que moi.
5. Mes amies sont très indépendantes; c'est pareil pour toi?

3 Portraits de stars
Understanding the position of adjectives

1 Complete the sentences using the words in the box.

1 Ma chanteuse préférée est ....
2 Elle a le visage ....
3 Elle a les cheveux ....
4 Elle a les yeux ....
5 Elle est de taille ....
6 Mon acteur préféré a les .... longs.
7 Il a les .... verts.
8 Il est .... petit; c'est une star!

noirs
grande
cheveux
assez
bleus
long
moyenne
yeux

2 Read the clues. Then complete the grid using the words in the box.

Mon père n'est pas petit.
Ma sœur n'a pas les yeux verts ou bleus.
[H] Ma mère porte un chapeau noir.
Ma sœur a le visage long.
Ma mère est très petite.
Mon père a les yeux bleus.
La personne qui a les yeux verts a aussi les cheveux blancs.
La personne qui a les cheveux longs porte un chapeau vert.

yeux verts
marron longs
blancs courts
grand très petite
petite chapeau vert
chapeau noir visage long

	les yeux	les cheveux	grand ou petit?	visage? chapeau?
père	....	....	....	....
mère	....	....	....	....
sœur	....	....	....	....

Most adjectives come **after** the noun, e.g. *les yeux verts* (green eyes)
Some adjectives come **before** the noun. These include:
beau, jeune, vieux, bon, mauvais, grand, petit, haut and *nouveau*.
In plural or feminine these are irregular:

masculine	feminine	masc plural	fem plural
beau	*belle*	*beaux*	*belles*
vieux	*vieille*	*vieux*	*vieilles*
bon	*bonne*	*bons*	*bonnes*
nouveau	*nouvelle*	*nouveaux*	*nouvelles*

3 Rewrite each sentence, in the correct order, starting with the word given.

1 a / cheveux / il / longs / les — Il ....
2 un / long / il / visage / a — Il ....
3 verts / yeux / les / elle / a — Elle ....
4 il / elle / petit / grande / est / est / mais — Il ....
5 blancs / cheveux / a / elle / les — Elle ....

Module 2
Student Book pp. 38–39

4 Rewrite the following sentences, adding the adjective in brackets in the correct place next to the underlined noun. Make sure they agree!

1 (jeune)   Sur la photo, à droite, il y a un homme. Sur la photo, à droite, il y a un jeune homme.

2 (long)   La femme a les cheveux. ....

3 (vieux)   Dans le jardin il y a une femme. ....

4 (sportif)   Sur la photo je vois des filles. ....

H 5 (vert, grand)   L'homme qui sourit a des yeux. ....

H 6 (petit, rouge) Elle porte un chapeau. ....

H **5** Put the sentences from a photo description into the correct columns according to the questions they are answering. Write numbers 1–8.

1 Ils sont dans un restaurant familial.

2 Les personnes mangent des frites et boivent de l'eau.

3 Je vois deux parents, un garçon et une fille. Je me sens qu'ils sont tristes.

4 Ils sont en ville et ils se reposent.

5 Les enfants se relaxent ensemble.

6 La femme a les cheveux longs.

7 L'homme aime sourire, c'est évident.

8 Sur la photo, les chiens se cachent parmi les arbres, mais un chien semble être mort.

Remember that, in French when describing what people are doing, we don't need to use the verb 'to be'.
Il regarde son portable.
He is looking at his phone.

Décris les personnes	Où?	Que font-ils?
....	....	....
....	....	....
....	....	....

F **6** Translate these sentences into English.

1 Mon frère est assez grand, comme mon père. ....

2 Il a les cheveux longs et les yeux marron. ....

3 Sur la photo, mon père et moi sommes dans un restaurant. ....

4 On mange et on se relaxe ensemble. ....

5 Mon frère est étudiant et il fait souvent du vélo. ....

H **7** Translate these sentences into French on a separate sheet.

1 My friend Lola is my hero! She has short hair and big blue eyes.

2 She is average height and has a lovely smile.

3 She is often very happy but, from time to time, quite sad.

4 In the photo, we are eating and relaxing together.

5 There is a park with lots of trees and I see lots of stars.

4 La place des idoles
Using direct object pronouns

1 Unjumble the letters to make words for things you may fight for or against in French.

1 la ngeiroli ....
2 l' tilgaéé ....
3 les soridt ....
4 l' teoveinnnnrme ....
H 5 la ubipéleruq ....
H 6 la mocamténuu ....

2 Circle the correct word to complete each sentence.

1 Je la suis parce qu'elle est **publique** / **importance** / **amusante**.
2 Elle a partagé des **photos** / **fériés** / **personnages** positives de sa mala...
H 3 Elle a **lutté** / **signifié** / **raconté** pour le développement de la démocratie d... le monde.
H 4 Une bonne personne **lutte** / **aide** / **déclare** les gens; elle ... est certainement p...
H 5 Chaque **personne** / **sorte** / **genre** doit soutenir la libération ... la parole.
H 6 Je l' **intègre** / **adore** / **écrit** simplement parce qu... e es... ortiv... elle re... emble à moi.

A direct object pronoun repl... a noun t... t is the object of the sentence. It is u... ally ... ront of the verb.
Je partage des vidéos. → ... es par...
The direct object pronoun... are ...iven in the table.
When the v... follows ... arts w... a vowel, *me, te,* ... nd ... ontra... to *m', t',* and *l'*.
J'aime Luc. → ...

me	me
te	you
le	him/it
la	her/it
nous	us
vous	you
les	them

3 Complete the French trans... ons with ... correct direct object pronoun from the box.

1 I watch you. Je .... gard...
2 They ... e. Elles .... invitent.
3 I l... e you. (plural) Je .... aime.
4 A... ou ... ng it? (eminine) Est-ce que tu .... gagnes?
5 I follow him. Je .... suis.
6 Do you s... (masculine) Est-ce que vous .... partagez?

me   te   vous   la   le

4 Complete the rewritten sentences, replacing the underlined words with a direct object pronoun and verb.

1 Je <u>partage la glace</u> avec ma sœur.
Je .... avec ma sœur.

2 Elle <u>suit ton frère et toi</u> parce que vous aidez les gens et que vous partagez vos amis.
Elle .... parce que vous aidez les gens et que vous partagez vos amis.

3 J'<u>aime Morgane, ma mère</u>.
Je ....

H 4 Il <u>écoute mes problèmes</u> avec soin et amour.
Il .... avec soin et amour.

Module 2
Student Book pp. 40–41

H 5 Est-ce que tu <u>invites mon amie et moi</u> toi-même?   Est-ce que tu .... toi-même?

H 6 Je <u>regarde les vidéos</u> le soir.   Je .... le soir.

H 5 Rewrite the sentences to include a direct object pronoun.

1 Je vais suivre Eva car elle lutte en public pour les droits des personnes transgenres.

....

2 Je ne partage pas mon ordinateur, je recharge mon ordinateur en ce moment.

....

3 Je félicite toi et ton mari pour la naissance de votre fille.

....

4 Il n'écoute pas des chansons nationales parce qu'il a écrit ses propres chansons.

....

5 Elle ne déçoit pas – elle changera l'opinion publique elle-même.

....

6 J'ai déçu mon père car on ne m'a pas é...

....

F 6 Translate these sentences into French on a separate sheet.

1 A good person is someone who helps people.
2 I follow her because she is funny and attractive.
3 She is well-known for her songs and her films.
4 She thinks that difference and equality are important.
5 She has shared positive messages on social media.

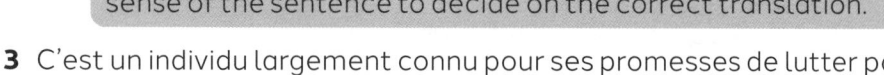
Use the perfect tense.

H 7 Translate these sentences into English on a separate sheet.

1 À mon avis, un bon modèle c'est quelqu'un qui aide la planète et lutte pour la démocratie.

2 Moi, je suis Greta Thunberg; je la suis parce qu'elle est devenue célèbre pour son travail.

Remember that this can mean two things. Think about the sense of the sentence to decide on the correct translation.

3 C'est un individu largement connu pour ses promesses de lutter pour l'environnement et elle n'a pas déçu.

4 Elle ne supporte pas les gens racistes; sa passion est un exemple important pour nous tous.

5 C'est mon héroïne; je voudrais bien avoir une amie pareille.

5 Famille, amour, gâteau
Using the perfect, present and near future tenses

1 Choose a word from the box to translate these time phrases into English.

1 en ce moment ....
2 déjà ....
3 l'année prochaine ....
4 la semaine dernière ....
5 demain ....
6 normalement ....
7 hier ....
8 aujourd'hui ....
9 d'habitude ....
10 le lendemain ....

> today   usually
> normally
> the next day
> at the moment
> next year
> already   tomorrow
> yesterday   last week

2 Translate these words into French.

1 restaurant ....
2 to sing ....
3 party ....
4 to dance ....
5 marriage ....
6 to eat ....
H 7 birth ....
H 8 dishes ....

To identify different tenses, look for hints in the phrase or the structure of the verb:

Time frame	Present	Past	Future
Tense	je danse	j'ai dansé	je vais danser
	tu danses	tu as dansé	tu vas danser
	il/elle/on danse	il/elle/on a dansé	il/elle/on va danser
Example time phrase	en ce moment	mardi dernier	demain

3 Put the numbers of the sentences into the correct column according to their tense.

> 1 Je vais chanter .... 2 Je reçois des cartes. 3 J'ai invité toute la famille. 4 Je souris et je ris beaucoup. 5 Je vais aller au cinéma avec mes amis. 6 J'ai préparé un gâteau. 7 Je vais faire la fête et beaucoup manger. 8 J'ai reçu des vêtements. 9 Je vais chez ma mère.

perfect	present	near future

4 Rewrite the underlined words, by changing the tenses according to the instructions.

1 Il reçoit beaucoup de cadeaux.   present → perfect   ....
2 Je raconte l'histoire du PACS de mes parents.   present → near future   ....
H 3 On va aller à l'église car je crois en Dieu.   future → present   ....
H 4 Elles nourrissent six amies folles.   present → perfect   ....
H 5 Nous félicitons nos anniversaires avec un feu d'artifice.   present → near future   ....
H 6 La chanteuse ne va pas faire une tournée de concerts.   near future → present   ....

Module 2
Student Book pp. 42–43

5 Read the English sentences, then choose the words you need from the grid to translate them into French on a separate sheet. You will need to use some boxes more than once.

1 I am going to have the chance to celebrate with friends.
2 We went to the British cinema with my aunt.
3 Last year, what did you do to celebrate the arrival of your brother?
4 Certainly, I'm going to receive lots of presents.
5 Next year, what are you going to do to celebrate your parents' marriage?
6 Yesterday, we spent a good evening with my son and his partner.

tu as fait pour	une bonne soirée	avec des amis	le mariage	je vais	de ton frère
l'occasion de	on a passé	célébrer	hier	beaucoup de cadeaux	avec mon fils
avec ma tante	tu vas faire pour	qu'est-ce que	l'année prochaine	au cinéma britannique	l'année dernière
de tes parents	on est allé	je vais avoir	certainement recevoir	l'arrivée	et son partenaire

6 Translate these sentences into English.

1 Qu'est-ce que tu fais pour célébrer ton anniversaire?
....
2 Normalement, je vais chez ma mère et son nouveau mari; il est fou!
....
3 L'année dernière, je suis allé au studio où j'ai vu une autre célébrité.
....
4 J'ai une annonce pour tout le monde: mon frère va se marier!
....
5 L'année prochaine, je vais probablement recevoir des vêtements.
....

7 Translate these sentences into French on a separate sheet.

1 Today is a special occasion: my brother and his partner announced their civil partnership.
2 I have bought new clothes and we have prepared a large meal for the whole family.
3 They're going to receive lots of presents!
4 Now we are dancing and singing together.
5 Next Saturday, we are going to celebrate my birthday; I am going to be extremely tired afterwards!

Glossary

bold = this word will appear in Higher exams only

a	(she, he, it, one) has / is having / (we (informal, impersonal)) have / are having
actuellement	at present, at the moment
aide (f)	help
américain (m)	American
amour (m)	love
an (m)	year
annonce (f)	announcement
annoncer	to announce / make public, announcing / making public
arrivée (f)	arrival
assez	quite
autre(s)	other (m, f) (pl)
autrement	differently, another way
beaucoup	a lot
beau-père (m)	step-father, father-in-law
belge	Belgian (m, f)
belle-mère (f)	step-mother, mother-in-law
bi(sexuel)	bi(sexual) (m)
britannique	British (m, f)
cacher	to hide, hiding
car	because, for
carte (f)	menu, map, card
célébrer (f)	celebrate
célibataire	single, unmarried (m, f)
certainement	certainly
cheveux (mpl)	hair
communauté (f)	community
compte (m)	account, count
coucher; se coucher	to lie down / sleep, lying down / sleeping; to go to bed / set (sun), going to bed / setting (sun)
courage (m)	courage
court	short (m)
cousin (m)	cousin

déclarer	to announce, report / announcing, reporting
déçoit	(she, he, it, one) disappoints / is disappointing / (we (informal, impersonal)) disappoint / are disappointing
(aux) déçu	disappointed / (have, has) disappointed
définir	to define, defining
démocratie (f)	democracy
développement (m)	development
dieu (m)	god
différence (f)	difference
disputer; se disputer	to scold, tell off / scolding, telling off; to argue / arguing
diversité (f)	diversity
droite (f)	right
effectivement	effectively
égal	equal (m)
elle-même	herself
elles	they (f) (subj) / to them (f) (emph)
(aux) élu	elected / (have, has) elected
enfant	child (m, f)
entièrement	entirely, completely
étoile (f)	star
étudiant (m)	student
(à) eux	to them (m, mixed gender) (emph)
évident	obvious (m)
excuser (de/ pour + noun); s'excuser (de/ pour + noun)	to excuse (for + noun), forgive (for + noun) / excusing (for + noun), forgiving (for + noun); to apologise (for + noun) / apologising (for + noun)

36 AQA GCSE French © Pearson Education Limited 2025

Module 2: Glossary

exemple (m)	example
extrêmement	extremely
familial	family (m)
féliciter	to congratulate / congratulating
femme (f)	woman, wife
férié	public holiday (m)
feu d'artifice	firework display
fille (f)	girl, daughter
fils (m)	son
foi (f)	faith
folle	crazy (f)
fou	crazy (m)
frère (m)	brother
garçon (m)	boy, waiter
garder	to keep, take care of, look after / keeping, taking care of, looking after
gay	gay (m, f)
genre (m)	type, kind, sort
gens (mpl)	people
grand	tall, big, large (m)
handicap (m)	disability
héroïne	hero (f)
héros	hero (m)
hétéro	straight, heterosexual (m, f)
heureusement	fortunately, luckily
homme (m)	man
identité (f)	identity
importante	important (f)
important	important (m)
indépendance (f)	independence
individu (m)	individual
inscrire; s'inscrire à + noun	to write down / writing down; to join + noun, enrol in + noun / joining + noun, enrolling in + noun
instant (m)	instant, moment
intégrer; s'intégrer	to incorporate, integrate, include / incorporating, integrating, including; to become integrated, fit in / becoming integrated, fitting in
intelligent	intelligent (m)
intérêt (m)	interest
inviter	to invite / inviting
jeune	young (m, f)
joli	pretty, attractive (m)
la/l'	her, it (f) (obj)
langue (f)	language, tongue
largement	widely
laver; se laver	to wash (something) / washing (something); to get washed / getting washed
lendemain (m)	next day
libéral	liberal (m)
libération (f)	liberation
maladie (f)	illness
mari (m)	husband
mariage (m)	marriage, wedding
mariage du même sexe	same-sex marriage
marier; se marier (avec)	to marry / marrying; to get married (to) / getting married (to)
marocain	Moroccan (m)
me/m'	me (obj) / to me (indirect obj) / myself (reflex)
mère (f)	mother
milieu (m)	middle
mort	dead (m)
naissance (f)	birth
national	national (m)
non-binaire	non-binary (m, f)

Module 2: Glossary

(aux) né	was born / (have, has) been born
nourrir	to feed / feeding
occasion (f)	chance, opportunity
oncle (m)	uncle
ont	(they) have / (they) are having
opinion (f)	opinion
ordinateur (m)	computer
où	where
PACS (m)	civil partnership
paix (f)	peace
pareil	the same (m)
pareille	the same (f)
parent (m)	parent
parfaitement	perfectly
parmi	among
partenaire (m,f)	partner
patient	patient (m)
père (m)	father
personnage (m)	character, individual, person
personnalité (f)	personality
petit	short, small, little (m)
plupart (de)	most, the majority (of)
positif	positive (m)
pourquoi	why
préparer; se préparer	to prepare / preparing; to get ready / getting ready
prier	to pray / praying
probablement	probably
prochain	next (m)
promesse (f)	promise
public (m)	public, audience
publique	public (f)
puissant	powerful (m)
queer	queer (m, f)
raciste	racist (m, f)
raconter	to tell, narrate / telling, narrating
recharger	to charge (an appliance) / charging (an appliance)
reçois	(I) receive / am receiving / (you (sing informal)) receive / are receiving
reçoit	(she, he, it, one) receives / is receiving / (you (sing informal, impersonal)) receive / is receiving
reconnaître	to recognise / recognising
réel	real (m, f)
religion	religion
reposer; se reposer	to put down / putting down; to rest / resting
république (f)	republic
ressembler à + noun; se ressembler	to look like + noun / looking like + noun; to look alike / looking alike
rire	to laugh / laughing
ris	(I) laugh / am laughing / (you (sing informal)) laugh / are laughing
rit	(she, he, it, one) laughs / is laughing / (we (informal, impersonal)) laugh / are laughing
se/s'	himself, herself, itself, oneself (reflex) / ourselves (informal, impersonal) (reflex) / themselves (reflex) / each other (informal, impersonal) (recip) / each other (pl) (recip)

Module 2: Glossary

sensible	sensitive (m, f)
ses	his, her, its, everyone's, one's (pl)
sexe (m)	sex
signifier	to mean / meaning
sœur (f)	sister
soin (m)	care
soirée (f)	evening
sont	(they) are / are being
sourire	to smile / smiling
souris	(I) smile / am smiling / (you (sing informal)) smile / are smiling
sourit	(she, he, it, one) smiles / is smiling / (we (informal, impersonal)) smile / are smiling
spécial	special (m)
stade (m)	stadium, stage
star (f)	star, celebrity
style (m)	style
suis	(I) follow / am following / (you (sing informal)) follow / are following
suivre	to follow / following
support	to tolerate, bear, put up with / tolerating, bearing, putting up with
sympathique / sympa	nice, kind, friendly (m, f)
taille (f)	size, height
tante (f)	aunt
tard	late (something)
tes	your (sing informal) (pl)
toi-même	yourself (sing informal)
tournée (f)	tour, round
tout le monde	everyone, everybody
tout(e)(s)	all, the whole (m) (f)
tradition (f)	tradition
transgenre	trans
vêtement (m)	garment, item or article of clothing
vis	(I) live / am living / (you (sing informal)) live / are living
visage	face
vi…	to live / living
vois	(I) see / am seeing / (you (sing informal)) see / are seeing
vos	your (formal) (pl)
votre	your (formal) (m, f)
vous / (à) vous	you (pl, formal) (subj) / (you (pl, sing formal)) (obj) / to you (pl, sing formal) (indirect obj) / yourselves (reflex) / yourself (formal) (reflex) / each other (recip) / to you (pl, sing formal) (emph)
yeux (mpl)	eyes

Foundation translation revision

French to English

1 Circle the deliberate mistake in each English translation. Then rewrite each English translation.

1 Ma mère a les yeux bleus. — My mother has green eyes.

2 Elle partage des messages positifs sur les réseaux sociaux. — She shares positive photos on social media.

3 Je joue à des jeux vidéo tous les jours. — I play video games in the evening.

4 Samedi matin on a regardé la télé. — On Saturday morning we watch...

5 Demain je vais aller chez ma tante. — Tomorrow I'm going to go to my uncle's...

6 J'aime regarder les films sur mon portable. — I like watching ... on my laptop.

2 Read this passage and then number the phrases below from 1 to 6 to put the English translation in the correct order.

> Je passe beaucoup de temps en ligne. J'écoute les chansons et j'achète des vêtements de temps en temps. À mon avis Internet est essentiel mais il y a aussi des problèmes.
>
> Qu'est-ce que tu fais en ligne? Ma star préférée partage des photos amusantes sur les réseaux sociaux. Je la suis parce qu'elle aide les autres.

My favourite celebrity shares funny pictures on social media.	
I listen to songs and I buy clothes from time to time.	
What do you do online?	
I spend lots of time online.	
I follow her because she helps others.	
In my opinion the Internet is essential but there are also problems.	

3 Translate these sentences into English.

1 Je préfère un groupe d'amis amusants.

2 Mon ami Sacha a les cheveux longs et bruns.

3 On aime regarder les émissions de sport ensemble.

4 Aujourd'hui on va aller au musée.

5 Le week-end dernier on a fait du sport au centre sportif.

> Be careful! Check what tense the sentences are in before translating them.

Modules 1–2: Translation revision

English to French

1 **Translate each sentence by putting the French words into the correct order.**

   1 I listen to songs. des chansons j'écoute

   ....

   2 We are going to see a show. voir on spectacle un va

   ....

   3 My friends are crazy but nice. sympa sont mais amies folles mes

   ....

   4 I get on well with my uncle. mon je oncle m'entends avec bien

   ....

2 **Translate these sentences into French using words from the box.**

   | ne mon restaurant allons les a acheter suis fait courts à un cadeau |
   | identité ma nous il cheveux allée un qu' c'est religion ne pas |

   1 He has short hair. ....

   2 We are going to buy a present. ....

   3 What defines my identity is my religion. ....

   4 I did not go to a restaurant. ....

3 **Circle the correct translation for each.**

1	I live with my stepmother.	A	J'habite avec mon beau-père.	B	J'habite avec ma belle-mère.
2	They went shopping.	A	Ils ont fait les magasins.	B	Ils vont faire les magasins.
3	What are we going to do?	A	Qu'est-ce qu'on va faire?	B	Qu'est-ce qu'on fait?
4	I have blue eyes.	A	J'ai les cheveux bleus.	B	J'ai les yeux bleus.
5	They are funny and patient.	A	Elles sont amusantes et sportives.	B	Elles sont amusantes et patientes.

4 **Translate these sentences into French.**

   ⎡ Should you use *mon*, *ma* or *mes*? ⎤

   1 I live with my mother and my two brothers. ....

   ⎡ What ending do we use for *nous*? ⎤

   2 We love watching films together in the evening. ....

   3 But I don't get on well with my father. ....

   ⎡ Use the perfect tense. ⎤

   4 Last weekend she played football on the beach. ....

   5 What do you do online? ....

AQA GCSE French © Pearson Education Limited 2025   41

Higher translation revision

French to English

1 Read this passage and translate the underlined sections into English.

J'adore danser et s'il y a **1** <u>un concert ou un spectacle</u> en ville, je suis toujours là. La musique est **2** <u>très importante</u> dans ma vie. **3** <u>Cependant</u>, mes parents **4** <u>ne l'aiment pas</u> trop. Pour eux, la musique est ennuyeuse. **5** <u>Je ressemble beaucoup à</u> ma mère, mais on n'aime pas **6** <u>les mêmes choses</u>. **7** Normalement <u>elle travaille</u> le week-end et fait de la cuisine aussi. Moi, **8** <u>je vais à l'église</u> avec ma famille.

1 ....
2 ....
3 ....
4 ....
5 ....
6 ....
7 ....
8 ....

2 Read the French sentences. Then complete the partial translations.

1 J'écoute toujours mes parents. Tu ne les écoutes jamais!

   I always listen to my parents. You ....

2 Est-ce qu'elle porte un petit chapeau rouge?

   Is she wearing ....

3 Parfois, quand je suis triste, ma meilleure amie m'offre des conseils.

   Sometimes, when I am sad, ...

4 Mon frère a les cheveux noirs et un visage long.

   My brother has black hair ....

5 J'ai commencé à jouer au football à l'âge de 10 ans; l'année dernière j'ai participé au concours.

   I started to play football at the age of ....

6 Mon ami n'apprécie pas les mêmes choses que moi.

   My friend does not appreciate ....

3 Translate these sentences into English.

1 Normalement, je passe beaucoup de temps devant un écran.

   ....

2 J'envoie des messages à mes amis et on partage des photos.

   ....

> This is a direct object pronoun.

3 Parfois je télécharge des chansons, mais ma mère ne <u>les</u> télécharge jamais!

   ....

4 Cependant, on a aussi besoin d'amis dans le monde réel.

   ....

5 Un bon ami est quelqu'un qui est sensible et patient avec moi.

   ....

Modules 1–2: Translation revision

English to French

1 Read the English sentences, then choose the words you need from the grid to translate them into French.

1 My friend looks like his father. ....

2 My parents relaxed in the garden. ....

3 My teacher is very proud of me. ....

4 Last year I won the competition. ....

5 We went to the concert in town. ....

à son	ressemble	très fier	mon ami
allées	l'année dernière	mes parents	nous sommes
en ville	père	se sont	est
de moi	gagné	au concert	le concours
reposés	dans le jardin	mon prof	j'ai

2 Read this passage and complete the partial translation with the correct verbs. Make sure that they are in the correct tense!

> Hi! For me it is important to have a group of nice friends, isn't it? Normally, we go to the swimming pool and we go swimming together. But tomorrow, with my friends, I am going to go into town. We are going to take the bus and I hope that we are going to see a show. Last weekend it was my little brother's birthday. I prepared some dishes and he received lots of presents.

Salut! Pour moi, il est important .... un groupe d'amis sympa, n'est-ce pas? Normalement, **2** .... à la piscine et **3** .... ensemble. Mais demain, avec mes copains, je **4** .... en ville. **5** .... le bus et j'espère qu'on **6** .... un spectacle. Le week-end dernier, c'était **7** .... de mon petit frère. J'ai **8** .... et il a reçu beaucoup de cadeaux.

3 Translate these sentences into French.

1 Every year, on my birthday, I go to the cinema with my parents.

....

2 Last year I also brought two friends.

....

3 It was terrific most of the time, but the end of the film was boring.

....

> There's a change of tense here.

4 In June, we <u>are going to celebrate</u> the civil partnership of my uncle and his boyfriend.

....

5 We are going to attend a big party and after that, we are going to visit friends in Canada.

....

AQA GCSE French © Pearson Education Limited 2025   43

Zone de culture Au collège chez nous
Using the definite article

1 Translate these words and phrases into English.

1 j'adore ....
2 j'aime ....
3 je suis ....
4 j'habite ....
5 il y a ....

6 le collège ....
7 le cours ....
8 l'uniforme scolaire ....
9 la salle de classe ....
10 la matière ....

2 Unjumble the letters to rewrite the French names for these year groups.

1 Year 7   Je suis en .... (èmeixis)
2 Year 8   Ana est en .... (enquièmic)
3 Year 9   Enzo est en .... (urièqemta)
4 Year 10   Elle est en .... (me...ésir)
5 Year 11   Nous sommes en .... (...nseà)
6 Year 12   Je vais être en .... (m...eère)

> The definite article 'the' changes according to the noun:
>
> | masculine singular | le |
> | feminine singular | la |
> | before a vowel (masc/fem singular) | l' |
> | plural | les |
>
> You often need the definite article in French even where we wouldn't use it in English, e.g. *On étudie **le** théâtre et **l'**anglais.* We study drama and English.

G

3 Complete the French translations with the correct definite article (*le*, *la*, *l'*, or *les*).

1 homework ....oirs
2 lesson ....çon
3 dictionary .... dictionnaire
4 o...er ....dre
5 me... .... réunion
6 start of school ye... .... rentrée
7 education .... éducation
8 breaktime .... récréation

> You might need to check the gender of some of these nouns in the glossary or in a dictionary.

4 Copy out the sentences, correcting the deliberate mistakes. There are nine in total.

1 Sur le photo, il y a trois garçon et deux filles. ....
2 Une fille porte un pantalon grise. ....
3 Ils sont dans un salle de classe. ....
4 L'élèves travaillent. ....
5 Le prof mangent son déjeuner. ....

Module 3
Student Book pp. 58–59

H 6 Il y a beaucoup des feuilles sur les table. ....

H 7 Ça me rappelle ma collège! ....

H 5 Draw lines to match up the English sentences with their French translations. Then fill in the gaps with *le*, *la*, *l'* or *les*, if needed.

1 I love school.
2 The building is quite modern.
3 It depends on the teacher.
4 The laptops are very old.
5 I am in Year 9.
6 According to me, music is interesting.
7 I represent college at football.
8 The subjects are in French.

a .... bâtiment est assez moderne.
b Selon moi, ... musique est intéressante.
c Je représente .... lycée en football.
d J'adore .... collège.
e Les matières sont en .... français.
f Ça dépend du .... professeur.
g .... ordinateurs portables sont très vieux.
h Je suis en .... quatrième.

F 6 Translate these sentences into English.

1 Sur la photo, il y a sept personnes.
....

2 Un garçon porte un pantalon noir.
....

3 C'est vrai – ils sont à la bibliothèque.
....

4 Les élèves jouent dans deux équipes.
....

5 À gauche, il y a beaucoup de livres.
....

H 7 Translate these sentences into French.

1 I live in Paris with my family and I am in Year 10 at school.
....

> Use the present tense of *pouvoir* followed by an infinitive.
> Use the reflexive verb *s'entendre*.

2 I love my school because I can see my friends every day and we get on very well.
....

3 At school, my favourite subjects are maths and drama.
....

4 We don't have a school uniform, but in general I wear trousers.
....

> Use the infinitive *pouvoir* followed by another infinitive.

5 I like being able to wear my own clothes.
....

AQA GCSE French © Pearson Education Limited 2025 — 45

1 Quelle est ta matière préférée?
Using comparative adjectives

1 Separate and write out the school subjects.

lesmathslesportlanglaislamusiquelefrançaislessciencesle théâtrelhistoirelagéographiel'informatique

....

....

....

2 Complete the grid with the correct form of the adjectives. Then write the English translations.

> The general rule is to add **-e** for feminine, **-s** for masculine plural and **-es** for feminine plural, but take care as there are some other spelling changes to watch out for.

masculine singular	feminine singular	masculine plural	feminine plural	English
amusant	....	amusants	amusantes	....
difficile	difficile	....	....	....
....	ennuyeuse	ennuyeux	....	....
facile	....	....	faciles	....
important	....	....	....	....
....	....	....	intéressantes	....
moyen	moyenne	....	....	....
nul	nulle	nuls	....	....
....	....	passionnants	....	....
....	....	utiles	....	....

> To compare things, use:
> **plus** + adjective + **que**   more + adjective + than
> **moins** + adjective + **que**   less + adjective + than

3 Underline the plus/moins and the adjective in each sentence, then draw lines to match the French sentences with the English.

1 L'histoire est plus amusante que la musique.
2 La musique est moins importante que les sciences.
3 Les sciences sont moins difficiles que l'histoire.
4 La musique est plus facile que les sciences.
5 Les sciences sont moins utiles que l'histoire.
6 L'histoire est plus ennuyeuse que les sciences.

a Music is easier than science.
b Music is less important than science.
c History is more boring than science.
d History is more fun than music.
e Science is less difficult than history.
f Science is less useful than history.

> The adjective must agree (in gender and number) with the first noun:
> **L'espagnol** est plus **intéressant** que les sciences.
> Spanish is more interesting than science.
> **La** musique est moins **importante** que les maths.
> Music is less important than maths.

Module 3
Student Book pp. 60–61

4 Read the English sentences and complete the partial translations below.

1 My favourite subject is English because I like to read.

Ma .... préférée est l'anglais car j'aime ....

2 I am weak at science but it's very important.

Je suis faible en .... mais c'est très ....

3 In my opinion, sport is less exciting than music.

À mon ...., le sport est moins .... que la musique.

H 4 Obviously I think that maths is more useful than English.

Évidemment je pense que les .... sont plus .... que l'anglais.

H **5** Rewrite each sentence, putting the words into the correct order.

1 très   le   je   sport   car   je   suis   pas   ne   déteste   fort

Je déteste le sport ....

2 que   sont   passionnantes   les   moins   la   musique   ...ences

....

3 français   je   que   pense   le   est   l'a...ais   plus   utile   qu...

....

4 maintenant   enfance   l'enseignen...   plus   ...ns   que   est   intéressant   mon

....

F **6** Translate these sentences in... ...ch.

1 I am very weak at English.

....

2 In general, the te...hers ...uite nice.

....

3 She t... ...at sport ... ...citing.

....

4 L...sons s... at ni... o'cl...ck.

....

5 We have t...o m... maths homework.

....

H **7** Translate these sentences into English on a separate sheet.

1 Je n'aime pas trop mon collège actuellement.

2 Les profs sont assez stricts et le règlement est le pire!

3 J'aime bien voir mes amis tous les jours, mais je suis très bavarde.

4 Il est difficile de se concentrer pendant les cours, et en plus, je suis souvent en retard.

5 Mon amie Faiza pense que les maths sont importantes, mais moi, je préfère les matières plus simples comme l'anglais et la musique.

| le pire | the worst |

2 C'est injuste!
Using impersonal verb structures followed by infinitives

1 Draw lines to match up the English words with their French translations.

1 work
2 building
3 pupils
4 mobile phone
5 playground
6 homework
7 uniform
8 exams
[H] 9 behaviour

a le portable
b l'uniforme
c le bâtiment
d les examens
e le travail
f les élèves
g le comportement
h les devoirs
i la cour

> Make sure to include the definite article (*le/la/l'/les*) when you learn vocabulary.

2 Unjumble the letters in brackets to rewrite the infinitives in French.

1 to wear .porter........ un pantalon (pteror)
2 to change .... de matière (angcher)
3 to forget .... un examen (libouer)
4 to give .... des devoirs (nedorn)
5 to run .... dans la cour (roucir)
6 to put .... l'uniforme scolaire (tremt)
7 to correct .... un contrôle (ricoger)
[H] 8 to respect .... les ....tres (crester.ep)
[H] 9 to refuse .... d'alle.. .... (re..rfus)
[H] 10 to require .... les élève.. .gerbu..
[H] 11 to teach ....on (gensere..)
[H] 12 to admit ....une e.... (.adretem)

> To ... k about rules, use:
> il fau.. **infinitive**
> ... faut **faire** des progrès.
> ..u have to make progress.
>
> il ne faut pas + **infinitive**
> Il ne faut pas **arriver** en retard.
> You must not arrive late.

3 Circle the correct infinitive verb to complete each sentence about school rules.

1 Il faut **travailler** / **manger** en classe.
2 Il faut **oublier** / **écrire** dans son cahier.
3 Il ne faut pas **quitter** / **écouter** la salle de classe.
4 Il faut **porter** / **manger** un pantalon noir.
5 Il ne faut pas **faire** / **perdre** ses devoirs.
6 Il faut **oublier** / **étudier** au moins huit matières.
7 Il ne faut pas **arriver** / **chanter** en retard.
8 Il faut **jouer** / **souligner** la date.

Module 3
Student Book pp. 62–63

4 Complete each sentence using a word from the box.
There are more words than gaps.

> la   pas   pendant
> donc   est   manger
> assez   ~~faut~~
> scolaire   classe
> important   place
> arriver

1. Il ne _faut_ pas utiliser son portable en classe.
2. On n'a pas le droit de .... pendant les cours.
3. Il .... essentiel de porter l'uniforme ....
4. Il ne faut .... dessiner .... les cours.
5. Il est aussi .... de noter les absences.
6. En ...., il faut toujours s'asseoir à sa ....

> **G**
> *il est* + adjective + *de* + infinitive
> *Il est interdit de manger en classe.*
> It is forbidden to eat in class.
> *Il est important de faire ses devoirs.*
> It is important to do your homework.

5 Circle the two deliberate mistakes in each sentence. Rewrite the sentence correctly.

1. Les (prof) doivent être stricts presque (tout) les jours.
   Les profs doivent être stricts presque tous les jours.
2. Ils avons organisé un manifestation. ....
3. Il faut demander de porte nos propre vêtements. ....
4. On ne faut pas mentir à autres. ....
5. Il est essentielle de discuter de le uniforme. ....
6. Maintenant, il faut avons confiance en les professeur. ....
7. Ils ne faut pas interrompre les profs quand ils parle. ....

6 Translate these sentences into English.

1. La durée de la journée scolaire est trop longue. ....
2. Il ne faut pas utiliser son portable. ....
3. Mon père se compare souvent à ses collègues. ....
4. Les profs ont changé les règles. ....
5. Demain, je vais traduire un texte. ....

7 Translate these sentences into French on a separate sheet.

1. My favourite subject is drama because the teacher is nice.
2. However, I don't like technology because we have too much homework.
3. School finishes at 4pm and it's forbidden to stay at school after lessons.
4. Our school uniform isn't very good and the students want to organise a protest.
   > Use *vouloir* + infinitive.
5. I think that it is going to be a failure.
   > Use *un échec*.

3 As-tu fait des progrès?

F Using irregular verbs in the perfect tense

Module 3
Student Book pp. 64–64

1 Translate these verbs into French.

1 to take ....
2 to run ....
3 to read ....
4 to drink ....

5 to write ....
6 to do/make ....
7 to learn ....
8 to receive ....

> Lots of verbs are irregular and have **irregular past participles**, e.g.
> *boire* (to drink) → *j'ai **bu*** (I drank)
> *faire* (to do/make) → *tu as **fait*** (you did/made)
> *prendre* (to take) → *elle a **pris*** (she took)
>
> In the perfect tense, **negatives** go around the part of *avoir* or *être*
> *Je **n'ai pas** lu le livre.*   I haven't read the book.
> *Tu **n'as jamais** fait tes devoirs.*   You have never done your homework.
> *Il **n'a rien** appris.*   He didn't learn anything.

2 Read the English phrases, then choose the words or phrases you need from the grid to translate them into French. You will need to use some boxes more than once.

1 she received ....
2 you took ....
3 we read ....
4 I learned ....
5 we ran ....
6 I laughed ....
7 you put ....
8 she drank ....

bu	pris	lu
ri	mis	elle a
j'ai	reçu	couru
appris	tu as	on a

3 Separate out the words to make accurate sentences. Then underline the past participle in each sentence.

1 ilnapasmispantalon → Il n'a ....
2 tunaspascourudanslacour ....
3 jenaijamaisfaitmesdevoirs ....
4 ellenarienapprisenmathscetteannée ....

4 Translate these sentences into French.

1 I like French because it is interesting. ....
2 My friends like to laugh in class. ....
3 In maths, I received good grades. ....
4 The teacher says that he didn't read his book. ....
5 I have never forgotten my science homework. ....

AQA GCSE French © Pearson Education Limited 2025

3 As-tu fait des progrès?
H Using the superlative

Module 3
Student Book pp. 64–65

H 1 Draw lines to match up the sentence halves.

1 J'ai emprunté …   a … du thé en classe.
2 Il a bu …   b … d'autres élèves.
3 Elle a écrit …   c … de bonnes notes.
4 On a reçu …   d … un stylo à mon ami.
5 J'ai ri …   e … pendant un examen.
6 Ils ont harcelé …   f … un long e-mail.

> **H** The superlative is formed like this:
> - the most … **le/la/les plus** + adjective   le garçon **le plus** intéressant
>   la fille **la plus** intelligente
> - the least … **le/la/les moins** + adjective   le prof **le moins** sympa
>   la matière **la moins** ennuyeuse

H 2 Complete these sentences with the superlative and the correct form of the adjective given in brackets.

Remember to make the adjective agree in both gender and number.

1 Mathis est le garçon _le plus jeune_ .... (+ jeune)
2 La musique est la matière .... (+ pratique)
3 Elle est la prof .... de notre collège. (− original)
4 Mon collège est .... collège en Angleterre. (+ grand)

H 3 Write comparative and superlative forms using the prompts given in brackets. Follow the pattern shown in the example.

1 Emma est forte; _Rachid est plus fort; Ide est l'élève la plus forte._
   (Rachid = stronger; Ide = the strongest pupil)
2 La prof d'anglais est stricte; ....
   [German teacher = less strict; maths teacher = the least strict teacher]
3 Le français est facile; ....
   [French = easier; history = the easiest subject]
4 Mes notes sont mauvaises; ....
   [Lucas's marks = worse; Sacha's marks = the worst]

H 4 Translate these sentences into English on a separate sheet.

1 J'ai une nouvelle prof d'histoire et je pense qu'elle est la prof la moins sympa!
2 Elle n'a pas beaucoup d'expérience, c'est-à-dire qu'elle ne connaît pas encore les systèmes de notre collège.
3 Malheureusement, ça veut dire qu'elle a inventé les règles les plus inutiles et les moins justes.
4 Par exemple, la semaine dernière, elle nous a interdit de travailler en groupes.
5 Le règlement est trop strict – je ne vais jamais avoir mon baccalauréat!

4 Souvenirs d'école
Using verbs in the imperfect tense

1 Unjumble the letters to write out these forms of transport in French. Then translate them into English.

1 usb ne *en bus* *by bus*
2 lové à ....
3 edpi à ....
4 oetvrui ne ....
5 artni ne ....
6 rac ne ....
7 abteua ne ....

2 Draw lines to match up the French imperfect tense verbs with their English translations.

1 je répétais   a I used to remember
2 je progressais   b I used to promise
3 je prononçais   c I used to draw
4 je me souvenais   d I used to repeat
5 je faisais   e I used to progress
6 je trouvais   f I used to express
7 je promettais   g I used to find
8 j'exprimais   h I used to do
H 9 je dessinais   i I used to pronounce

The **imperfect tense** is used to say what things were like in the past or what **used to** happen.
To form the imperfect tense, remove the *-ons* from the *nous* form of the verb in the present tense:
regarder (to watch) → *nous regardons* → *regard-*
Then add these endings for the singular forms:

| je regard**ais** |
| tu regard**ais** |
| il/elle/on regard**ait** |

The verb *être* has the stem *ét-*, e.g. *j'étais* (I was / I used to be).

G

---

3 Complete the grid with the correct form of the verbs in the imperfect tense.

	jouer	aimer	aller	être
je/j'	jouais	....	....	....
tu	....	....	allais	....
il/elle/on	....	aimait	....	était

4 Underline the seven <u>imperfect tense verbs</u> in the paragraph.

L'année dernière, j'étais contente. J'aimais le collège parce que c'était intéressant. Mon ami jouait souvent au football avec moi et on faisait souvent les magasins ensemble le week-end. Mon prof nous donnait toujours de bonnes notes. À cause de cela, c'était une excellente année pour moi.

52 AQA GCSE French © Pearson Education Limited 2025

Module 3
Student Book pp. 66–67

5 Write the correct form of the verb in the imperfect tense, using the same verb as in the first part of the sentence.

1 J'habitais au Canada mais vous _habitiez_ en France.

2 Ton école était petite et mon école .... plus grande.

3 Mon ami Pierre aimait les maths mais toi, tu .... la musique.

4 Le prof d'histoire criait souvent, mais nous ne .... jamais.

5 Ils allaient au terrain de foot, cependant toi, tu .... à la bibliothèque.

6 Je lisais un court article mais elles .... un roman en français.

7 Je montrais du respect aux profs, mais ils ne .... pas de respect.

8 Il ne suivait jamais les instructions, mais vous les .... bien.

> Plural **imperfect tense** verb endings:
> nous regard**ions**
> vous regard**iez**
> ils/elles regard**aient**

6 Translate these sentences into English.

1 J'allais à l'école en voiture tous les jours.

2 Après les cours, je jouais au foot.

3 Il y avait un prof de maths qui n'était jamais content.

4 J'étais un élève vraiment travailleur en général.

5 Il était assez paresseux en général.

7 Translate these sentences into French. — Use *voici*

1 My childhood was great and here is a photo of my old school.

2 I was in Year 9 and used to really like studying maths and science.

3 I used to have lots of friends and we often used to play football or tennis after lessons.

4 I was very happy because were always active.

5 Now, I don't like my new school and the main reason is it's too big for me.

5 Les langues et l'avenir
Using the imperfect, present and near future tenses

1 Fill in the missing vowels in these nouns.

> Make sure to include accents where needed.

1. lesson un c__rs
2. exchange un _ch_ng_
3. exam un _x_m_n
4. sixth form un lyc___
5. discussion une d_sc_ss__n
6. university une _n_v_rs_t_
7. company une _ntr_pr_s_
8. mistake une _rr__r
9. title un t_tr_
10. explanation une _xpl_c_t__n
11. risk un r_squ_
12. test un c_ntr_l_

2 Draw lines to match the sentence halves. Then translate the first half of each sentence into English.

1. J'habitais …   a … dans un énorme hôtel.   I used to live
2. Je travaille …   b … trois langues étrangères.
3. Je vais télécharger … c … à Paris.
4. J'apprenais …   d … de bonnes notes.
5. Je suis élève …   e … une appli.
6. Je vais obtenir …   f … dans une école de langue.

Tense:	**Imperfect**	**Present**	**Near future**
To talk about …	what **used to** happen	what **is** happening **now**	what is **going to** happen
être (to be)	j'étais	je suis	je vais être
aller (to go)	j'allais	je vais	je vais aller
faire (to do/make)	je faisais	je fais	je vais faire
apprendre (to learn)	j'apprenais	j'apprends	je vais apprendre

3 Underline the verb in each sentence. Then tick the correct box to show which tense is used.

	imperfect	present	near future
1 À dix heures et demie j'étudie le français.	☐	☐	☐
2 Demain, je vais travailler au café.	☐	☐	☐
3 L'année dernière, mon école était assez petite.	☐	☐	☐
4 Il y a trois ans, j'aimais bien jouer au football.	☐	☐	☐
5 Le week-end prochain, je vais avoir beaucoup de difficultés.	☐	☐	☐
6 Aujourd'hui nous faisons nos devoirs de technologie.	☐	☐	☐
7 Les profs veulent interdire les portables en classe.	☐	☐	☐

Module 3
Student Book pp. 68–69

4 Complete each sentence using a word from the box. Pay attention to which tense you need.

Box: vais habiter, étudie, suis, vais faire, ~~donnais~~, était, assieds

1. Dans le passé, je ne _donnais_ jamais la bonne réponse.
2. C'........... très utile pour améliorer mes notes en français.
3. En ce moment, j'........... à l'université.
4. Quand je .... en classe, je m'........... toujours devant la prof.
5. L'hiver prochain, je .... à la montagne avec mes frères.
6. Je .... un stage dans un restaurant.

> Most negatives are in two parts and go around the verb:
> ne ... pas — not — Je **ne** suis **pas** un élève travailleur.
> ne ... jamais — never — Elle **ne** va **jamais** habiter au Canada.
> **H** ne ... que — only / nothing but — Tu **n'**aimais **que** le prof d'histoire?
> **H** ne ... aucun(e) — not one / not any — Il **n'**y a **aucune** salle de classe libre.

H 5 Complete each sentence using a word from the box in the present, imperfect or near future tense.

Box: écrire, acheter, aimer, regarder, jouer, finir

1. Je .... au football avec mes sœurs demain.
2. L'année dernière, je ne .... jamais mes devoirs de maths.
3. En général, je ne .... pas films en anglais.
4. En ce moment, il n'........... aucun problème lui-même.
5. Demain, nous .... un cadeau au magasin pour offrir à mon beau-père.
6. L'année dernière, vous n'........... étudier que le commerce et les maths.

F 6 Translate these sentences into French.

1. When I was little, I used to live in France.
2. Now I live in the Canadian countryside.
3. I often go to watch films in French.
4. My brother doesn't drink water during lessons.
5. One day, I'm going to travel in Africa.

H 7 Translate these sentences into English on a separate sheet.

1. Ma mère parle huit langues – pour elle c'est normal, mais pour les clients, ces conversations sont extraordinaires!
2. La connaissance des langues étrangères est essentielle pour son travail.
3. Moi, j'apprenais l'anglais quand j'étais au collège, mais cette année, je n'apprends aucune langue étrangère.
4. À l'avenir, je voudrais faire plus d'effort avec les langues, surtout l'arabe et le chinois.
5. Je vais apprendre beaucoup de mots étrangers et améliorer mon accent!

Glossary

bold = this word will appear in Higher exams only

à cause de	because of
absence (f)	absence
accent (m)	accent
admettre	to admit, confess / admitting, confessing
allemand	German
améliorer	to improve / improving
amusant	fun(ny)
anglais (m)	English
apprendre; apprendre à	to learn / learning; to teach someone / teaching someone
arabe	Arabic, Arab
article (m)	article
assieds/assois; m'assieds/ m'assois; t'assieds/ t'assois	(I) sit / am sitting (you (sing informal)) sit are sitting
aussi	also, as well
avait	(she, he, it, one) had / used to have / was having / (we (informal, impersonal)) had / used to have / were having
bac(calauréat)	high school final exam (like A levels)
bateau (m)	boat
bâtiment (m)	building
bavard	chatty
boit	(she, he, it, one) drinks / is drinking / (we (informal, impersonal)) drink / are drinking
c'est-à-dire	in other words, that is to say
cahier (m)	exercise book
canadien	Canadian
changer; se changer	to change / changing; to get changed / getting changed
chinois	Chinese
classe (f)	class
collègue (m/f)	colleague
commerce (m)	trade, commerce
comparer	to compare / comparing
comportement (m)	behaviour
confiance (f)	confidence
connaissance (f)	knowledge, acquaintance
contrôle (m)	test, check
conversation (f)	conversation
corriger	to correct, mark / correcting, marking
cour (f)	courtyard, playground
courir	to run / running
cours (m)	lesson
crier	to shout, scream, cry out / shouting, screaming, crying out
déjeuner (m)	lunch
demander; demander à (de + infinitive); se demander	to ask for / asking for; to ask someone (+ verb) / asking someone (+ verb); to wonder / wondering
dépendre de	to depend on + noun / depending on + noun
dessiner	to draw / drawing
devoirs (mpl)	homework
dictionnaire (m)	dictionary
difficile	difficult
difficulté (f)	difficulty
discussion (f)	discussion
discuter (de + noun)	to discuss, talk about (+ noun) / discussing, talking about (+ noun)
donc	so, therefore
donner	to give / giving
durée (f)	length, duration

Module 3: Glossary

échange (m)	exchange
échec (m)	failure
école (f)	school
écrire	to write / writing
éducation (f)	education
effort (m)	effort
élève (m/f)	pupil, student
emprunter (à)	to borrow (from someone) / borrowing (from someone)
en ce moment	at the moment
en retard	late
enfance (f)	childhood
énorme	enormous
enseigner (à + infinitive)	to teach (someone + verb) / teaching (someone + verb)
erreur (f)	mistake, error
espagnol (m)	Spanish
essentiel	essential
étais	(I) was + adjectival complement / used to be / was being / (you (sing informal)) were + adjectival complement / used to be / were being
étranger	foreign
étudier	to study / studying
évidemment	obviously
examen (m)	exam
excellent	excellent
explication (f)	explanation
exprimer	to express / expressing
extraordinaire	extraordinary
facile	easy
faible	weak
faisais; faisais de	(I/you (sing informal)) used to do, used to make, used to go on/for + noun / (I) was doing, was making, was going on/for + noun
feuille (f)	leaf, sheet
fort	strong
français	French
général	general
géographie (f)	geography
harceler	to bully, harass / bullying, harassing
heure (f)	hour, time
histoire (f)	history, story
il est (difficile) de + infinitive	it is (difficult) to + verb
il faut + infinitive	it is/it's necessary to + verb / must + verb
informatique (f)	computing
instruction	instruction
interdire	to forbid, ban (from someone) / forbidding, banning (from someone)
interdit	prohibited, banned
interrompre	to interrupt, halt / interrupting, halting
inutile	useless
juste	right, fair, true
le/la/les pire(s) (m/f/pl)	the worst
leçon (f)	lesson
lire	to read
lui-même	himself
lycée (m)	college, sixth form
maths (fpl)	maths
matière (f)	subject
mentir	to lie / lying
mes	my (pl)
mettre; se mettre à (+ noun) (+ infinitive)	to put (on) / putting (on); (to) start, begin (+ noun) (+ verb) / starting, beginning (+ noun) (+ verb)
(aux) mis; se (aux) mis à (+ noun) (+ infinitive)	put (on) started, began (+ noun) (+ verb)

Module 3: Glossary

moins (... que)	less (... than)
moment (m)	moment
mot (m)	word
musique (f)	music
ne ... que	only, nothing but
normal	normal
nos	our (pl)
note (f)	mark, grade
nouveau	new
nul (adj, m)	rubbish
nulle (adj, f)	rubbish
obliger	to require, force, oblige / requiring, forcing, obliging
offrir à ...	to give someone, offer someone / giving someone, offering someone
ordre (m)	order
organiser; s'organiser	to organise / organising; to get organised / getting organised
ou	or
oublier (de + infinitive)	to forget (+ verb) / forgetting (+ verb)
pantalon (m)	trousers
paresseux	lazy
passionnant	exciting
pendant	during
penser (à + noun) (à + infinitive) (de + noun) (de + infinitive)	to think (+ noun) (of + verb) (about + noun) (about + verb) / thinking (+ noun) (of + verb) (about + noun) (about + verb)
pied (m)	
plus (...que/qu')	adv + -er (...than), more (...than)
plus (...que/qu') plus de (+ num)	adj + -er (...than), more (...than); more (than + num)
poème (m)	poem
porter	to wear, carry / wearing, carrying
pratique	practical

première (f)	year 12
presque	almost
principal	main
prof(esseur) (m/f)	teacher
progrès (m)	progress
progresser	to progress / progressing
promettre (à ...) (de + infinitive)	to promise (someone) (+ verb) / promising (someone) (+ verb)
prononcer	to pronounce / pronouncing
quitter; se quitter	to leave somewhere, take off / leaving somewhere, taking off; to leave each other / leaving each other
rappeler; rappeler (à ... de + infinitive); s'appeler	to call back / calling back; (to) remind (someone + verb) / reminding (someone + verb); to remember / remembering
récré(ation) (f)	break (time)
refuser (de + infinitive)	to refuse (+ verb) / refusing (+ verb)
règle (f)	rule, ruler
règlement (m)	rule, regulation
rentrée (f)	start of the school year
répéter	to repeat / repeating
réponse (f)	response
représenter	to represent / representing
respect (m)	to respect / respecting
respecter	to respect
retard (m)	delay
réunion (f)	meeting
(aux) ri	laughed

Module 3: Glossary

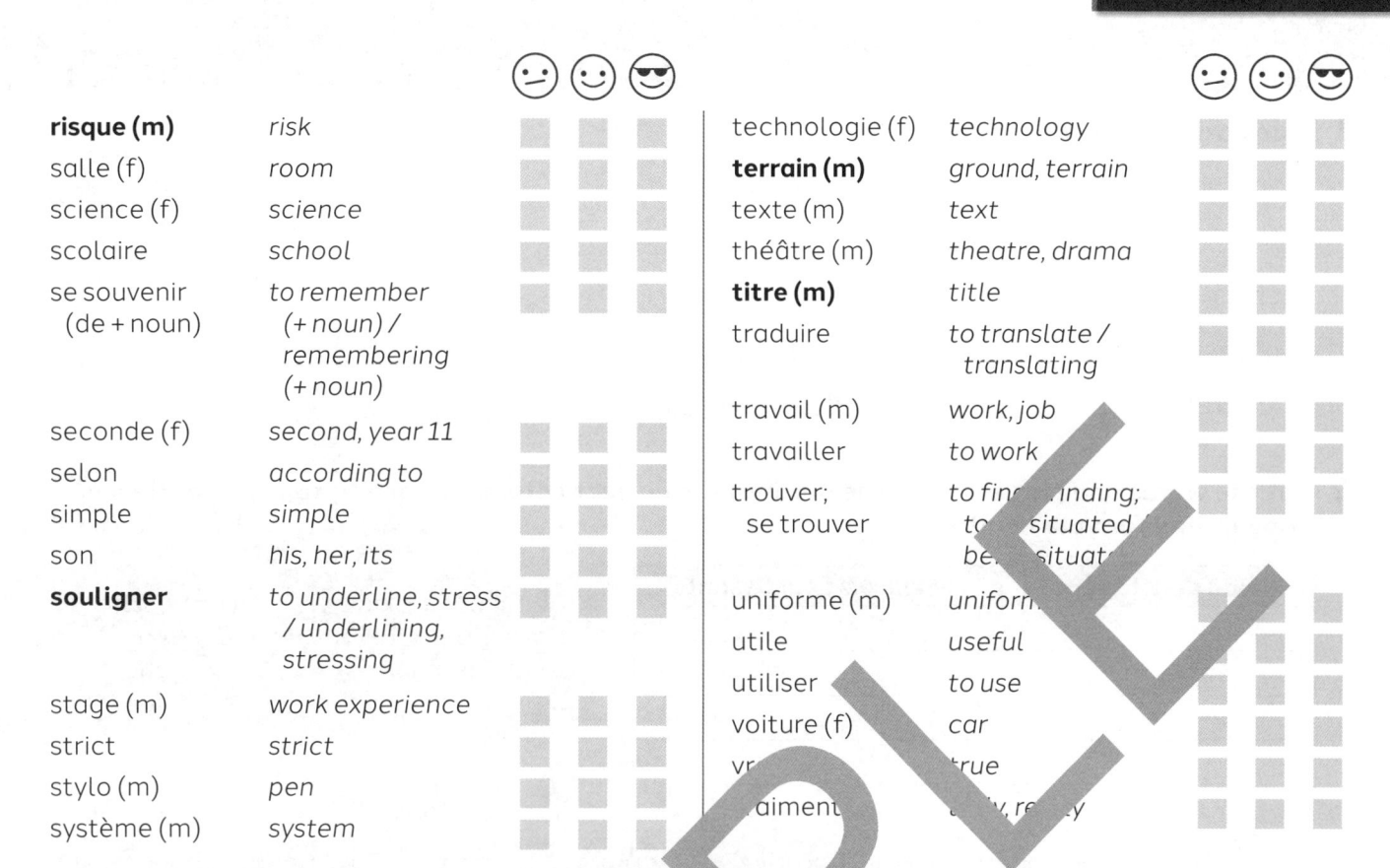

risque (m)	risk
salle (f)	room
science (f)	science
scolaire	school
se souvenir (de + noun)	to remember (+ noun) / remembering (+ noun)
seconde (f)	second, year 11
selon	according to
simple	simple
son	his, her, its
souligner	to underline, stress / underlining, stressing
stage (m)	work experience
strict	strict
stylo (m)	pen
système (m)	system
technologie (f)	technology
terrain (m)	ground, terrain
texte (m)	text
théâtre (m)	theatre, drama
titre (m)	title
traduire	to translate / translating
travail (m)	work, job
travailler	to work
trouver; se trouver	to find, finding; to be situated / be situated
uniforme (m)	uniform
utile	useful
utiliser	to use
voiture (f)	car
vrai	true
vraiment	truly, really

AQA GCSE French © Pearson Education Limited 2025

Zone de culture C'est bon pour la santé?
Understanding advice in the vous-form imperative

1 Translate these words into French.

1 vegetables ....
2 fish ....
3 chips ....
4 cheese ....
5 ice cream ....
6 fast food ....
7 fruit ....
8 meat ....
9 wine ....
H 10 chicken ....

> Don't forget the definite articles (le/la/l'/les).

2 Put the words and phrases from the box into the correct column according to whether they are good or bad for your health.

bon pour la santé	mauvais pour la santé
....	....
....	....
....	....
....	....

> beaucoup de gâteaux   la natation
> dormir peu   le lait   trop de frites
> légumes frais   H exercice régulier
> le tabac

> **G** The vous-form imperative is used to give instructions or advice to several people or one person that you don't know well. It is the present tense of the verb without the word vous:
>
> Vous essayez le poisson. (You try the fish.) → Essayez le poisson! (Try the fish!)
>
> Vous faites de la natation. (You go swimming.) → Faites de la natation! (Go swimming!)
>
> Note the following irregular form:
>
> Vous êtes patient(e). (You are patient.) → Soyez patient(e)! (Be patient!)

3 Separate out the words to make accurate sentences. Then underline the vous-form imperative in each sentence.

1 mangezmoinsdefritesetdesucre ....
2 faitesdel'exercice ....
3 essayezunnouveausport ....
4 allezàlapiscineplussouvent ....
5 essayezdeboireplusdelait ....
6 allezauclubdegym ....

4 Complete the missing words in the parallel translations.

1 .... de rester au lit et .... un nouveau sport.	Stop staying in .... and try a new sport.
2 Faites au .... une .... d'activité physique.	Do at least one hour of .... activity.
3 .... au moins cinq fruits tous les	Eat at least five pieces of fruit .... day.
4 Allez plus .... au centre sportif.	.... to the .... more often.

Module 4
Student Book pp. 82–83

| 5 | **H** Le .... a bon goût mais ce n'est pas bon pour la .... | The dish tastes .... but it is not good for your health. |
| 6 | **H** Apparemment c'est bon pour les .... – sauf le fromage! | .... it is good for vegans – .... for the cheese! |

H 5 Rearrange the sections of text to create a paragraph starting with section 4.

1 qui contiennent des légumes et du
2 glaces ou de gâteaux. Ils sont mauvais
3 au moins huit heures par
4 ~~Il faut absolument avoir un régime~~
5 poisson, et il faut éviter trop de
6 même oser essayer les plats végans. Dormez
7 équilibré. Il faut manger les plats
8 pour la santé. Bien sûr on peut devenir végétarien ou
9 nuit! Menez une vie active et soyez sain!

Il faut absolument avoir un régime ....

F 6 Translate these sentences into French.

Remember you need the definite article here too.

1 It is healthy and it is perfect for vegetarians.
2 Eat fewer chips and do more exercise!

Use the vous-form of the imperative.

3 Try a new sport.
4 Sleep at least eight hours each night.
5 It's bad for your health.

H 7 Translate these sentences into English.

1 Il faut rester en forme, et manger les plats sains n'est pas suffisant.

2 Il est aussi important d'ajouter de l'exercice et d'avoir des habitudes saines.

3 Mes parents m'ont conseillé de faire de l'activité physique.

4 Maintenant je vais au centre sportif avec mes amis.

5 Ne pas être actif, ça peut être grave – examine ta vie et sois sain!

1 Bon appétit!
Using the partitive article (*du, de la, de l'* and *des*) and *en*

1 Fill in the missing vowels in these words for food and drink. Then translate them into English.

1 P _ _ SS _ N   fish
2 V _ _ ND _   ....
3 C _ F _   ....
4 V _ N   ....
5 P _ _ N   ....
6 L _ G _ M _ S   ....
7 _ _ _   ....
H 8 P _ _ L _ T   ....

2 Unjumble the letters of the words in the box. Then complete the sentences with the correct words.

1 Pour le petit-déjeuner, je bois du café si j'ai ....
2 Normalement le soir on .... en famille à la maison.
3 Après les cours, si j'ai faim, je mange des ....
4 Je n'ai pas beaucoup de temps pour le déjeuner – seulement vingt ....
H 5 Ma .... préférée est un plat qui contient des légumes ......
H 6 Si je n'ai pas de temps, je bois seulement un verre de .... pour le petit-déjeuner.

| u m t e n i s |
| i f e s r |
| a t l |
| i o f s |
| e e e t r t |
| a e g n |

In French, the partitive article ('some') agrees with the noun it refers to: **G**

masculine singular	feminine singular	before a vowel	plural
du pain	*de la* viande	*de l'* eau	*des* appareils

After a negative or a quantity, just use *de* or *d'* before a vowel:
*Je ne mange pas **de** légumes.*
Je ne bois pas d'...

3 Complete the sentences with the correct partitive articles.

1 On mange souvent .... poisson pour le déjeuner chez nous.
2 Pour le petit-déjeuner ma mère boit .... café.
3 Je mange .... viande mais mon frère est végan.
4 Je ne mange pas .... frites. Ce n'est pas bon pour la santé!
5 Je bois beaucoup .... eau. C'est mieux pour la santé que le thé.
6 Je mange .... gâteaux quand j'ai faim.

4 Draw lines to match up the sentence halves.

1 Qu'est-ce que tu manges ...   a ... je mange du pain si j'ai le temps.
2 Pour le petit-déjeuner, ...   b ... bois à midi?
3 Et qu'est-ce que tu manges et ...   c ... chose le soir?
4 Alors, je choisis du poisson et des ...   d ... pour le petit-déjeuner?
5 Et est-ce que tu manges quelque ...   e ... du poulet.
H 6 Le soir je choisis régulièrement ...   f ... légumes – je ne suis pas végétarienne.

62 AQA GCSE French © Pearson Education Limited 2025

Module 4
Student Book pp. 84–85

H 5 Read the English sentences, then choose the words you need from the grid to translate them into French. You will need to use some boxes more than once.

1 My father buys lots of fruit and vegetables because it is good for your health.

....

2 To stay in shape I drink lots of water.

....

3 I must go to bed earlier because I am often tired at school.

....

4 To achieve a new recipe I always have a list and support from my mother.

....

je bois	je dois aller	c'est bon pour la santé	au collège	j'ai toujours	et légumes
mon père achète	pour	une liste et du soutien	au lit plus tôt	de ma mère	je suis souvent fatigué
car	une nouvelle recette	beaucoup d'eau	beaucoup de fruits	pour réaliser	rester en forme

F 6 Translate these sentences into English.

1 Si j'ai le temps, je mange du pain pour le petit-déjeuner.

....

2 Quand j'ai soif, je bois de l'eau.

....

3 Normalement on mange de la viande et des légumes.

....

4 Hier j'ai préparé le dîner pour ma famille.

....

5 Toute la famille a adoré la recette!

....

H 7 Translate these sentences into French on a separate sheet.

1 On Saturday, I eat bread for breakfast.

2 Coffee is my favourite drink, but I drink too much of it!

> The pronoun *en* can replace the partitive article and its noun.

3 We eat as a family at the weekend and sometimes I prepare a new dish for dinner.

4 I never follow an exact recipe.

5 The dish was really great – my mother tried the fish, and she was very happy.

2 Bien dans ma peau
Using modal verbs (*devoir, vouloir, pouvoir*)

1 Choose a word from the box to translate the feelings into English.

1. heureux ....
2. triste ....
3. malade ....
4. sérieux ....
5. calme ....
6. inquiet ....
7. en colère ....
8. timide ....

> conscientious   sad
> worried   happy
> angry   ill
> shy   calm

2 Complete each sentence using a word from the box.

1. Fais de la ....
2. Parle avec ....
3. Écoute de la ....
4. Reste ....
5. Va au ....
6. Ne t'.................... pas.
H 7. Suis les trois .... de la recette.
H 8. Ne critique pas les bons ....

> inquiète   étapes   lit   cuisine
> conseils   calme   musique   moi

Remember that, in the tu-form of the imperative, we drop the -s from the verb ending.

The modal verbs **devoir** (to have to, must), **pouvoir** (to be able to, can) and **vouloir** (to want (to)) are usually followed by an infinitive. In a negative sentence, *ne* and *pas* go around the modal verb.

devoir	pouvoir	vouloir
je dois	je peux	je veux
tu dois	tu peux	tu veux
il/elle/on doit	il/elle/on peut	il/elle/on veut
nous devons	nous pouvons	nous voulons
vous devez	vous pouvez	vous voulez
ils/elles doivent	ils/elles peuvent	ils/elles veulent

Je *ne peux pas* rester calme. I can't stay calm.

3 Circle the correct form of the modal verb to complete each sentence.

1. Tu **doit / dois / devons** immédiatement envoyer un e-mail à tes profs.
2. Vous **peuvent / veux / pouvez** être contente!
3. Est-ce qu'elle **veux / veut / voulez** passer du temps au collège?
4. Je **veux / voulons / veulent** devenir membre d'un club sportif.
5. Ils **peut / pouvons / peuvent** aller au lit plus tôt.
6. Elle **doivent / devez / doit** chercher en ligne pour des idées.

Module 4
Student Book pp. 86–87

4 Rewrite each sentence, putting the words into the correct order.

1. dois tu pas fumer ne

   ....

2. de faire des arrête inutiles projets

   ....

H 3. réfléchir conseils veux tes je à

   ....

H 4. au lit doit elle d'aller t'empêcher tard trop

   ....

H 5. silence doit en pas souffrir ne on

   ....

H 6. veux de la du joie bonheur je avoir et

   ....

H 5 Complete the text using the words in the box. There are more words than gaps.

| doit bouge précis problèmes difficulté veut couru souvent espoir |

L'inquiétude et les **1** .... de grandir sont **2** .... des problèmes pour les adolescents. Parfois les jeunes **3** .... cacher les émotions. Mais on doit avoir de l' **4** .... Voici des conseils. Parle avec des amis. Discute des **5** .... avec un prof. Reste actif et **6** .... un peu. On **7** .... essayer d'exister au présent.

F 6 Translate the sentences into French.

1. I am sad because I've lost my ....

2. You must speak to your parents. ....

   Remember that after a modal verb we use the infinitive.

3. She wants to start school. ....

4. I am happy because I have lots of friends. ....

5. How are you today? ....

H 7 Translate these sentences into English on a separate sheet.

1. La souffrance n'est pas bonne.

2. Beaucoup de gens souffrent, et moi aussi – j'ai beaucoup de soucis.

3. Je m'entends mal avec ma mère en ce moment et je suis souvent en colère.

4. J'essaye de lui expliquer comment je me sens, mais elle ne veut pas écouter. — *Use to her*

5. Je sais que je peux bouger un peu plus et regarder la télé moins, mais ça ne va pas aider la situation, je pense.

3 Bien choisir pour ta santé

F Using *avoir mal + à*

Module 4
Student Book pp. 88–89

1 Translate these words into French.

1 back ....
2 head ....
3 leg ....
4 ears ....
5 eyes ....
6 heart ....
7 body ....
8 foot ....
9 mouth ....
10 hand ....

To say that something hurts, aches or is sore, use *avoir mal à* + a noun.

masculine noun	feminine noun	before a vowel	plural noun
J'ai mal **au** pied.	J'ai mal **à la** jambe.	J'ai mal **à l'**oreille.	J'ai mal **aux** bras.
I have a sore foot.	I have a sore leg.	I have an earache.	I have sore arms.

2 Complete the sentences with *au, à la, à l'* or *aux*.

1 J'ai froid et j'ai mal .... tête. J'ai besoin de médicaments.
2 J'ai un problème médical. J'ai mal .... jambes quand je cours.
3 J'ai mal .... oreille. Est-ce que vous pouvez m'aider?
4 Je suis malade. J'ai mal .... dos.
5 Est-ce vous avez mal .... cœur. Vous avez bu trop de café?
6 Ma mère a mal .... jambe et elle marche très lentement.

3 Draw lines to match up the sentence halves.

1 Bonjour! Quel est ...
2 J'ai mal à la tête ...
3 Hier, je suis tombé ...
4 J'ai perdu ...
5 Je pense qu'il ...
6 Appelez mon chand ...

a ... de vélo.
b ... beaucoup de sang.
c ... faut aller a l'hôpital.
d ... le problème?
e ... – c'est une urgence!
f ... et au dos.

4 Translate these sentences into English.

1 J'ai un problème médical et je dois aller chez le médecin.
....

2 Je ne dois pas attendre – j'ai un rendez-vous aujourd'hui.
....

3 Je suis tombé de vélo et j'ai mal aux jambes. ....

4 J'ai eu un accident dans la rue ce matin. ....

5 J'ai chaud et je n'ai pas de médicaments. ....

Which tense is this?   What is the correct way of translating *avoir* here?

3 Bien choisir pour ta santé
H Using the perfect tense of reflexive verbs

Module 4
Student Book pp. 88–89

H 1 Complete the sentences using the words in the box. There are more words than gaps.

1 On peut dire que les cigarettes c'est une ....
2 C'est une habitude ....!
3 Chez les jeunes, fumer reste un .... grave.
4 Boire trop d'alcool c'est aussi .... pour la santé; on risque la mort si on boit trop.
5 Il est important de .... un peu tous les jours.
6 Il faut .... les gens qui veulent arrêter de fumer.

> mauvais   déçois
> drogue   problème
> bouger   dangereuse
> soutenir

H 2 Complete the sentences with the correct form of the verb in the perfect tense.

1 Elle .... le bras et elle a mal à la main. (*se casser*)
2 Ils .... et ils ont mal aux jambes. (*se blesser*)
3 Je .... la tête et j'ai mal à l'œil. (*se couper*)
4 Est-ce que tu .... la peau? (*se brûler*)
5 Dorian .... bien ...., même s'il a mal aux pieds. (*se reposer*)
6 Elles .... tôt hier matin. (*se lever*)

> **H** Reflexive verbs take *être* in the perfect tense. They agree with the subject.
>
> *Je me suis blessé(e)*
> *Il/Elle/On s'est blessé(e)(s)*
> *Nous nous sommes blessé(e)s*

H 3 Rearrange the sentences to create a conversation starting with section 4.

1 Oui, j'ai un peu peur.
2 Tu t'inquiètes? Tu as peur?
3 Je me suis coupée à la main avec un couteau et il y a du sang partout.
4 ~~Qu'est-ce qui s'est passé?~~
5 Hmm je crois qu'il faut aller à l'hôpital. Viens.
6 Je me sens assez fatiguée et je m'inquiète un peu.
7 Oui, tu dois aller voir un médecin. Comment tu te sens?

Qu'est-ce qui s'est passé? ....

H 4 Translate these sentences into French on a separate sheet.

1 In my opinion, alcohol is bad for your health, like tobacco.
2 Smoking and vaping are dangerous habits with serious consequences.
3 Too many young people smoke today, but me, I'm scared of the risks.
4 You have to lead a healthy lifestyle.

> Is this *avoir* or *être*?

5 If you spend too much time in front of a screen, you can hurt your eyes and it is not good for your physical health.

> You don't have to use *tu* or *vous*. What other pronouns could you use?

4 Je change ma vie
F Using the near future tense

Module 4
Student Book pp. 90–91

1 Separate out the words to make accurate sentences about resolutions.

1 jevaismangerplusdefruits ....
2 jeveuxalleraulitplustôt ....
3 jeveuxdevenircélèbre ....
4 jeveuxfaireduvéloplussouvent ....
5 jevaisêtreplusactive ....
6 jeveuxêtreenforme ....

> You use the near future tense to say someone is 'going to' (or wants to do something). Put the infinitive of the verb you want to use after the present tense of the verb *aller*.
>
> | | | | |
> |---|---|---|---|
> | *Je vais gagner.* | I am going to win. | *Je ne vais pas gagner.* | I am not going to win. |
> | *Tu vas choisir.* | You are going to choose. | *Tu ne vas pas choisir.* | You are not going to choose. |
> | *Elle/Il/On va croire.* | She/He is / We are going to believe. | *Elle/Il/On ne va pas croire.* | She/He is / We are not going to believe. |

2 Complete the sentences with the correct form of *aller* for the near future tense.

1 Je .... faire plus de vélo.
2 On .... manger plus de légumes.
3 Luc .... aider ses parents à la maison.
4 Félicitations! Tu .... avoir un grand succès.
5 Avant de jouer au football, est-ce que tu .... manger quelque chose?
6 Elle ne .... pas parler en même temps que moi.

3 Complete the missing words in the parallel translations.

1	Je .... aller .... piscine .... week-end si j'ai le temps.	I am going .... to the swimming pool each weekend if I have ....
2	Est-ce que .... au centre ....?	Are you .... to go to the sports centre?
3	Elle veut .... dormir alors elle .... aller au lit plus tôt.	She wants to .... better so she is going to go to bed ....
4	Il ne .... pas travailler dur au ....; il n'écoute jamais les profs!	He is not going to .... hard in sixth form; he .... listens to the ....!

4 Translate these sentences into French on a separate sheet.

1 Are you going to do more sport?
2 I am going to help more at home and be calmer.
3 My father is going to eat less cake.
4 We are going to start a new activity.
5 What are you going to do to improve your life?

AQA GCSE French © Pearson Education Limited 2025

4 Je change ma vie
H Using the simple future tense

Module 4
Student Book pp. 90–91

H 1 Complete the text using the words in the box. There are more words than gaps.

> explique   rester   santé   chaque   repas   sentiment   réseaux   fraîche   collège

Pour améliorer ma **1**................. je mangerai mieux, ça c'est mon désir. Je préparerai les **2**................. avec plus de nourriture **3**................. Il faut savoir **4**................. en forme. À l'avenir je ferai du vélo **5**................. week-end. Je ferai aussi plus d'efforts au **6**................., par exemple j'écouterai le prof quand elle **7**................. la leçon. En plus, je passerai moins de temps sur les **8**................. sociaux le soir. J'essayerai d'être plus joyeux.

H You use the simple future tense to say someone **will do** something. For regular -er verbs, add these endings to the infinitive: **G**

| je manger**ai** |
| tu manger**as** |
| il/elle/on manger**a** |
| nous manger**ons** |
| vous manger**ez** |
| ils/elles manger**ont** |

Some verbs have irregular stems but the endings are the same:
aller (to go) → j'**ir**ai (I will go)
avoir (to have) → j'**aur**ai (I will have)
faire (to do) → je **fer**ai (I will do/make)
être (to be) → je **ser**ai (I will be)

H 2 Rewrite these sentences on a separate sheet, putting the words into the correct order.

1. nouvelle   commencerai   une   je   vie   santé
2. un   que   j'ai   sentiment   succès   je   grand   le   serai
3. la   meilleure   il   aura   future   maison   une   à
4. avec   longue   fera   frères   promenade   ses   elle   une
5. dans   elle   ses   vêtements   ses   rangera   chambre
6. mes   parlerai   parents   avec

H 3 Rewrite these sentences using the simple future tense.

1. Il va des cours de danse.
2. Il de ses .... hygiène ....
3. Est-ce que tu penses aux gens pauvres?
4. Nous travaillons dur au collège.
5. Est-ce que tu es patient avec moi?
6. Tu as beaucoup d'amis au lycée.

H 4 Translate these sentences into French on a separate sheet.

1. I want to improve my life.
2. I will be much more active in the future and I will eat more fresh vegetables.
3. I will ride my bike every day and I will go to the sports centre at the weekend.
4. I will also help my aunt because she deserves that.
5. What will you do to stay in shape?

5 Mieux vivre

F Using the imperfect, present and near future tenses

Module 4
Student Book pp. 92–93

1 Write the correct French word from the box next to each English word.

1 rights ....
2 violence ....
3 songs ....
4 work ....

5 team ....
6 politician ....
7 dance ....
8 pupils ....

les chansons
les élèves
la danse   l'équipe
les droits   le travail
la violence
l'homme politique

You use the imperfect tense to say what you used to do, the present tense to say what you are doing now, and the near future tense to say what you are going to do.

imperfect tense	present tense	near future tense
je travaill**ais**	je travaill**e**	je vais travailler
tu travaill**ais**	tu travaill**es**	tu vas travailler
il/elle/on travaill**ait**	il/elle/on travaill**e**	il/elle/on va travailler

2 Draw lines to match up the sentence halves.

1 Quand j'étais jeune, j'habitais …   a … un hôtel.
2 Quand j'habitais en France, je …   b … d'espoir pour l'avenir.
3 Après le collège, je travaillais dans …   c … je jouais au football.
4 Maintenant j'ai beaucoup …   d … moi et plus à la famille.
5 À l'avenir je vais continuer …   e … au Sénégal.
6 Je vais penser moins à …   f … à aider les autres.

3 Circle the correct form of the verb in the imperfect tense to complete each sentence.

1 Quand tu étais jeune, où **habitais / habitait / habiter** -tu?
2 Ma mère **travaillais / travaillait / travailles** dans un collège.
3 Le week-end je **faisait / faire / faisais** souvent du vélo.
4 Ma sœur **jouait / jouais / jouer** au tennis dans le centre sportif.
5 Au collège j' **avait / avais / avoir** beaucoup de problèmes.

4 Translate these sentences into French.

1 When I was young, I used to play football after school. ....
2 My friend wasn't happy. ....
3 Now I am studying music at university. ....
4 In the future I am going to help young people like me. ....
5 What are you going to do in the future? ....

70 AQA GCSE French © Pearson Education Limited 2025

5 Mieux vivre

Using the imperfect, present and simple future tenses

Module 4
Student Book pp. 92–93

1 Complete each sentence using a word from the box. There are more words than gaps.

construction   célèbre   égalité   inquiète   Canada   collèges   accident   pensées

1 Elle est née au ....

2 Quand elle était jeune, elle a eu un .... grave.

3 Sa famille était très .... pour elle.

4 Maintenant elle lutte pour l'..................., elle-même.

5 Elle raconte sa vie dans les ....

6 On dit qu'à l'avenir elle sera ....

> You use the imperfect tense to say what you used to do, the present tense to say what you are doing now and the simple future tense to say what you will do.
>
> | imperfect tense | present tense | simple future |
> |---|---|---|
> | je travaill**ais** | je travaill**e** | je travaill**erai** |
> | tu travaill**ais** | tu travaill**es** | tu travaill**eras** |
> | il/elle/on travaill**ait** | il/elle/on travaill**e** | il/elle/on travaill**era** |
> | nous travaill**ions** | nous travaill**ons** | nous travaill**erons** |
> | vous travaill**iez** | vous travaill**ez** | vous travaill**erez** |
> | ils/elles travaill**aient** | ils/elles travaill**ent** | ils/elles travaill**eront** |

2 Draw lines to match up the sentence halves.

1 Quand j'étais jeune, j'habitais ...

2 Quand j'habitais en banlieue de Paris, je ...

3 Après le collège je travaillerai dans ...

4 Maintenant j'ai beaucoup ...

5 Je lutte pour les victimes de ...

6 À l'avenir je continuerai ...

a ... un hôtel.

b ... d'espoir pour l'avenir. La vie sera joyeuse.

c ... jouais au football.

d ... à aider les autres.

e ... en Corse.

f ... violence.

3 Circle the correct form of the verb in the imperfect tense to complete each sentence.

1 Nous **aidait / aidions / aidaient** les jeunes qui souffraient.

2 Elles **restais / restaient / restiez** toutes seules chez elles.

3 Au collège ils **avait / avions / avaient** des problèmes car ils étaient d'origine britannique.

4 Est-ce vous **étiez / étais / étions** victime de violence?

5 Nous **jouons / jouions / jouaient** au football dans le centre sportif; c'est une mémoire heureuse.

4 Translate these sentences into English on a separate sheet.

1 Quand j'étais jeune, je n'étais pas du tout content.

2 Au contraire, je me sentais souvent en colère car on m'a harcelé en ligne.

3 Maintenant je passe du temps avec des amis et je chante dans un groupe.

4 À l'avenir je travaillerai avec les victimes et les gens qui ont besoin d'aide.

5 J'espère que je serai heureux moi-même.

Glossary

bold = this word will appear in Higher exams only

accident (m)	accident
adolescent/ado (m)	teenager, adolescent
ajouter	to add / adding
alcool (m)	alcohol
alors	so, well, then
appareil (m)	apparatus, device
apparemment	apparently
attitude (f)	attitude
aurai	(I) will have / am going to have
auras	(you (sing informal)) will have / are going to have
avant; avant de + infinitive	before; before + verb
avoir	to have / having
banlieue (f)	suburbs, outskirts
blesser	to hurt, injure / hurting, injuring
bois; bois!	(I) drink / am drinking / (you (sing informal)) drink / are drinking / drink! (sing informal)
boisson (f)	drink, beverage
bonheur (m)	happiness
bouche (f)	mouth
bouger	to move / moving
bras (m)	arm
brûler	to burn, be on fire / burning, being on fire
(aux) bu	drunk / (have, has) drunk
café (m)	café, coffee
calme	calm, quiet
casser; se casser	to break / breaking; to break (a body part) / breaking (a body part)
célèbre	famous
chaud	hot, warm
choisir	to choose / choosing
cigarette (f)	cigarette
cœur (m)	heart
colère (f)	anger
conseil (m)	advice, counsel, council
conseiller (à … de + infinitive)	to advise, recommend (to someone + verb) / advising, recommending (to someone + verb)
conséquence (f)	consequence
construction (f)	construction, building
contenir	to contain, include / containing, including
contraire (f)	opposite, contrary
corps (m)	body
cours; cours!	(I) run / am running / (you (sing informal)) run / are running / run! (sing informal)
(aux) couru	ran / (have, has) run
couteau (m)	knife
critiquer	to criticise / criticising
croire	to believe / believing
déçois	(I) disappoint / am disappointing / (you (sing informal)) disappoint / are disappointing
désir (m)	desire
devoir	to have to, must / having to
dîner (m)	dinner

72 AQA GCSE French © Pearson Education Limited 2025

Module 4: Glossary

dire; dire (à … de + infinitive)	to say, tell / saying, telling; to tell (someone + verb) / telling (someone + verb)
dois	(I) have to, must / (you (sing informal)) have to, must
doivent	(they) have to, must
dormir	to sleep / sleeping
dos (m)	back
drogue (f)	drug
égalité (f)	equality
émotion (f)	emotion, feeling
empêcher (… de + infinitive)	to prevent (someone from + verb) / preventing (someone from + verb)
équilibré	balanced
espoir (m)	hope
essayer (de + infinitive)	to try (+ verb), attempt (+verb) / trying (+ verb), attempting (+ verb)
étape (f)	stage, step
êtes	(you (pl, sing formal)) are being
éviter (de + infinitive)	to avoid (+ verb) / avoiding (+ verb)
exact	exact, correct
examiner	to examine / examining
exercice (m)	written exercise, physical exercise
exister	to exist / existing
expliquer	to explain / explaining
faim (f)	hunger
fast-food (m)	fast food
fatigué	tired
félicitations	congratulations
fera; fera de	(she, he, it, one) will do, will make / (we (informal, impersonal)) will do, will make
ferai; ferai de	(I) will do, will make
feras; feras de	(you (sing informal)) will do, will make
forme (f)	form, shape
fraîche	fresh (f)
frais	fresh (m)
frites (fpl)	chips
froid	cold
fromage (m)	cheese
fruit (m)	fruit
fumer	to smoke / smoking
gagner	to win, earn, gain / winning, earning, gaining
goût (m)	taste, flavour
grandir	to get bigger, get taller, grow / getting bigger, getting taller, growing
grave	serious, grave
habitude (f)	habit
heureux	happy
hier	yesterday
immédiatement	immediately
inquiet	worried, anxious (m)
inquiète	worried, anxious (f)
inquiéter; s'inquiéter (de + noun)	to bother, disturb / bothering, disturbing; to be worried (about + noun) / being worried (about + noun)
inquiétude (f)	worry, anxiety
ira	(she, he, it, one) will go / (we (informal, impersonal)) will go

AQA GCSE French © Pearson Education Limited 2025

Module 4: Glossary

irai	(I) will go
jambe (f)	leg
joie (f)	joy
joyeux	merry, joyful, happy
lait (m)	milk
légume (m)	vegetable
lentement	slowly
liste (f)	list
lit (m)	bed
mail/e-mail (m)	e-mail
main (f)	hand
maintenant	now
maison (f)	house, home
mal	badly
mal (m)	ache
malade	ill
médecin (m, f)	doctor
médical	medical
médicament (m)	medicine, drug
mémoire (f)	memory
mener	to lead / leading
mériter (de + infinitive); se mériter	to deserve (+ verb) / deserving (+ verb); to have earned / having earned
mieux	better
minute (f)	minute
moi-même	myself
mort (f)	death
natation (f)	swimming
nuit (f)	night
œil (m)	eye
oreille (f)	ear
origine (f)	origin, source
oser	to dare / daring
pain (m)	bread
pauvre	poor
peau (f)	skin
pensée (f)	thought
petit-déjeuner (m)	breakfast
peur (f)	fear
peuvent	(they) are able to, can
physique (f)	physics
piscine (f)	swimming pool
plat (m)	dish
poisson (m)	fish
poulet (m)	chicken
pouvoir	to be able to, can / being able to
pouvons	(we) are able to, can
précis	precise, accurate
projet (m)	plan
ranger	to tidy, put away, tidying, putting away
réaliser	to realise / achieve, realising / achieving
recette (f)	recipe
réfléchir (à + noun)	to reflect (on), think (about) / reflecting (on), thinking (about)
regarder	to watch, look at / watching, looking at
régime (m)	diet
régulier	regular
régulièrement	regularly
religieux	religious
rendez-vous (m)	appointment
rue (f)	street
sain	healthy
sang (m)	blood
santé (f)	health
sauf	except
savoir	to know (how to), can / knowing (how to)
sentir; se sentir	to smell / smelling; to feel / feeling
sera	(she, he, it, one) will be / (we (informal, impersonal)) will be
serai	(I) will be

Module 4: Glossary

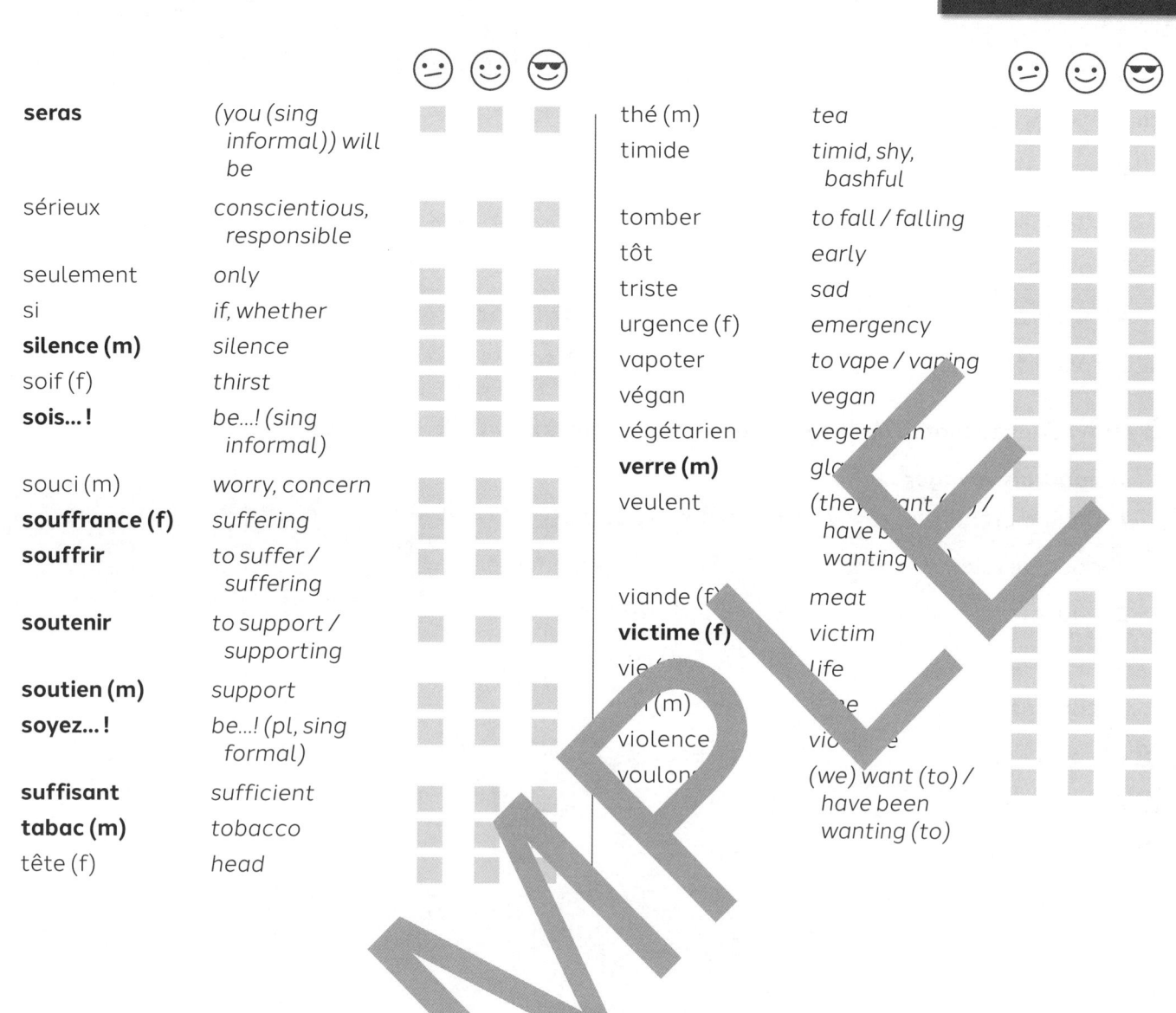

seras	(you (sing informal)) will be	
sérieux	conscientious, responsible	
seulement	only	
si	if, whether	
silence (m)	silence	
soif (f)	thirst	
sois…!	be…! (sing informal)	
souci (m)	worry, concern	
souffrance (f)	suffering	
souffrir	to suffer / suffering	
soutenir	to support / supporting	
soutien (m)	support	
soyez…!	be…! (pl, sing formal)	
suffisant	sufficient	
tabac (m)	tobacco	
tête (f)	head	

thé (m)	tea	
timide	timid, shy, bashful	
tomber	to fall / falling	
tôt	early	
triste	sad	
urgence (f)	emergency	
vapoter	to vape / vaping	
végan	vegan	
végétarien	vegetarian	
verre (m)	glass	
veulent	(they) want (to) / have been wanting (to)	
viande (f)	meat	
victime (f)	victim	
vie (f)	life	
vin (m)	wine	
violence	violence	
voulons	(we) want (to) / have been wanting (to)	

Zone de culture Voudrais-tu voyager?
Saying what you would like to do

1 Fill in the missing vowels in these infinitive verbs.

1 to meet	r__nc__ntr__r	6 to switch off from	s__c__p__r d__
2 to go out	s__rt__r	7 to relax	s__ r__l__x__r
3 to last	d__r__r	8 to discover	d__c__vr__r
4 to learn	__ppr__ndr__	[H] 9 to relax	s__ r__p__s__r
5 to want (to)	v__l__r	[H] 10 to make the most of	__r__f__t__r d__

2 Draw lines to match up the sentence halves, starting with *Je voudrais voyager ...* .

Je voudrais voyager ...

1 pour apprendre ...   a ... du beau paysage.
2 pour me relaxer ...   b ... une culture étonnante.
3 pour me faire ...   c ... une nouvelle langue.
4 pour jouer ...   d ... au foot sur la plage.
5 pour me couper ...   e ... avec ma famille.
[H] 6 pour connaître ...   f ... de nouveaux amis.
[H] 7 pour voir ...   g ... de la cité.
[H] 8 pour sortir ...   h ... du monde.

Use *pour* + infinitive to say 'in order to':
pour sortir de la routine (in order to change the routine)

Je voudrais means 'I would like' and is in the conditional. Follow it with an infinitive such as *voyager* to say what you would like to do:
Je voudrais voyager. I would like to travel.

3 Rewrite each sentence, putting the words into the correct order.

1 voudrais | nouveau | apprendre | Je | un | sport

   Je voudrais apprendre ....

2 ce soir | Je | voudrais | le spectacle | en ville

   ....

3 plage | passer | mes vacances | voudrais | à la

   ....

4 historique | Je | voudrais | un château | rester | dans

   ....

4 Complete the missing words in these parallel translations.

1	.... voudrais-tu voyager?	Why would you like to ....?
2	Où voudrais-tu .... tes ....?	.... would you like to spend your holiday?
3	Qu'est-ce que c'est?	.... is it?
4	.... qu'il y a là-bas?	What is there over there?
5	Qu'est-ce qu'on peut ...., par exemple?	.... can you do, for example?

Module 5
Student Book pp. 106–107

> **H** *J'aimerais* also means 'I would like' and can be used as an alternative to *je voudrais*, followed by an infinitive.
> *J'aimerais voir le film.*   I would like to see the film.
> Use *ce serait* with an adjective to say what something would be like.
> *Ce serait génial.*   It would be great.

G

H 5 Complete each sentence using a word from the box.

essayer   serait   peut   a   est   aimerais   a   est

1 C'................. une ville assez populaire.
2 Il y .... un grand aéroport international.
3 On .... profiter de la nature.
4 Il y .... une belle vue sur la rivière.
5 J'................. découvrir une nouvelle culture.
6 On peut .... quelques bons restaurants.
7 La cuisine régionale .... intéressante.
8 Ce .... très agréable pour tous.

F 6 Translate these sentences into French.

1 I would like to spend the weekend in Paris. ....
2 I would like to travel to get to know a different culture. ....
....
3 There is a hotel with beautiful windows. ....
4 There was a large choice of restaurants. ....
5 Where would you like to spend your holiday? ....

H 7 Translate these sentences into English.

1 Je voudrais voyager pour découvrir de nouveaux pays, pour sortir de la vie normale et pour éviter la pluie!
....
....
2 Pour mes vacances idéales, j'irais au Canada car il y a de belles montagnes et de très grands lacs pour faire de la natation et pour se reposer.
....
....
3 Ce serait excellent, le paysage là-bas est beau.
....
4 J'aimerais essayer divers nouveaux sports – j'adore l'action!
....
5 En plus, je voudrais essayer la nourriture canadienne; ce serait une expérience absolument géniale!
....
....

1 Des vacances de rêve

F Using the conditional of *vouloir*

Module 5
Student Book pp. 108–109

1 Complete each sentence using an infinitive verb from the box. Use each verb twice. Then translate the underlined words into English.

1 Je voudrais _aller_ au bord de la <u>mer</u>. _sea_
2 Je voudrais .... le <u>pont</u> historique. ....
3 Je voudrais .... une <u>île</u>. ....
4 Je voudrais .... en <u>avion</u>. ....
5 Je voudrais .... à la <u>ferme</u>. ....
6 Je voudrais .... en <u>train</u>. ....

voyager (*to travel*)
aller (*to go*)
visiter (*to visit*)

2 Complete each sentence with the correct form of the conditional of *vouloir*.

1 Je .... faire du camping avec mes amis.
2 Il .... comprendre la langue.
3 Tu .... monter la tour Eiffel.
4 Elle .... un ciel bleu tous les jours.
5 On .... réserver une sortie en bateau.
6 Tu .... un nouveau billet.

G The conditional of *vouloir* is used to say what you would like.
je voudrais — I would like
tu voudrais — you would like
il/elle/on voudrait — he/she/we would like

3 Complete each sentence using a suitable infinitive verb from the box.

1 Je voudrais .... mon café à huit heures.
2 Je ne voudrais pas .... mon billet d'avion.
3 Elle voudrait .... une lettre à sa sœur.
4 Je ne voudrais pas .... la musique du festival.
5 Je voudrais .... à ... heures.
6 Il voudrait .... à son hôtel.

envoyer   me lever   rentrer
entendre   ouvrir   payer

4 Translate these sentences into English.

1 Normalement, je préfère les vacances culturelles.
....

2 Je passe deux semaines en France avec ma famille.
....

3 Je ne voudrais pas passer mes vacances sur une île.
....

4 Comment voudrais-tu voyager à Paris?
....

5 Ma mère voudrait prendre des photos de la campagne.
....

78 AQA GCSE French © Pearson Education Limited 2025

1 Des vacances de rêve

Using the conditional

Module 5
Student Book pp. 108–109

1 Complete each phrase using a noun from the box.

1 acheter des .... locaux
2 voir le nouveau ....
3 marcher autour de la ....
4 apprécier les .... historiques
5 jouer sur la belle ....
6 apporter beaucoup de ....
7 trouver les .... d'avion
8 acheter une nouvelle ....

tickets
vêtements
bâtiments
roi
valise
produits
ville
plage

2 Translate these conditional tense phrases into English.

1 j'accepterais ....
2 nous payerions ....
3 elle accompagnerait ....
4 tu emporterais ....
5 vous retourneriez ....
6 le supermarché fermerait ....
7 nous annulerions ....
8 le cadeaux coûterait ....
9 vous enregistreriez ....
10 ils recommanderaient ....

> The conditional is used to say what you would do, e.g. *je voyagerais* – I would travel. To form it, take the **future stem** and add the **imperfect tense endings**. Note: for regular -er verbs, the future tense stem is the infinitive.
>
> je voyager**ais**
> tu voyager**ais**
> il/elle/on voyager**ait**
> nous voyager**ions**
> vous voyager**iez**
> ils/elles voyager**aient**

3 Circle the deliberate grammatical mistake in each sentence. Then rewrite the word correctly.

1 En vacances, je ferait de la natation chaque jour. ....
2 Nous voyagerions au Paris pour l'art et les repas. ....
3 En bref, il aurait assez d'argent pour prendre le vol direct. ....
4 Le café était fermé. ....
5 Pour moi, le vent seraient plus vif. ....
6 Je ferait une enquête sur le service à l'hôtel. ....

> These verbs have irregular stems in the conditional:
> *vouloir* (to want to) → *voudr-*
> *faire* (to do/make) → *fer-*
> *avoir* (to have) → *aur-*
> *aller* (to go) → *ir-*
> *être* (to be) → *ser-*

4 Translate these sentences into French on a separate sheet.

1 I would love to travel to Canada one day; it would be my dream trip.
2 I would travel by plane and I would have a room in an enormous hotel close to the airport.
3 The food would be excellent and we would eat in the most well-known restaurants.
4 We would also go to see the mountains.
5 This holiday would cost an awful lot; I would try to persuade my parents to travel there.

Use *coûter très cher*.
Use *là-bas*.

2 On part pour la Corse
Forming different types of questions

1 Write the French for these nouns in the crossword.

1. party – la f..........
2. water – l'e..........
3. visit – la v..........
4. view – la v..........
5. town – la v..........
6. euro – l'e..........
7. tourist – le t..........
8. coast – la c..........
9. choice – le c..........
10. animal – l'a..........

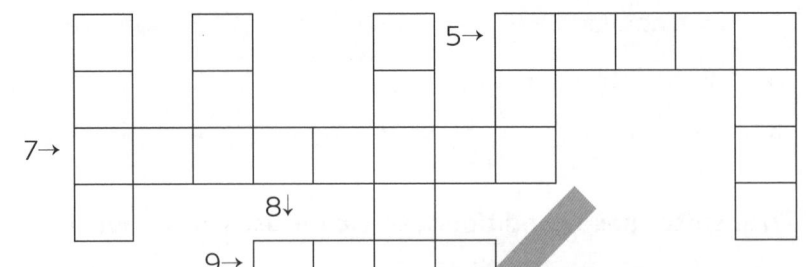

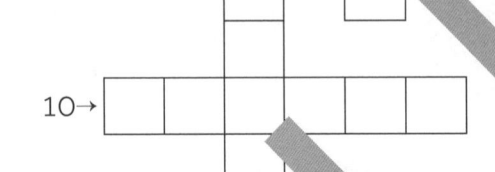

2 Draw lines to match up the sentence halves.

1. On peut aller …
2. Il faut faire …
3. On doit acheter …
4. Il vaut mieux essayer … [H]
5. Il vaut la peine d'acheter … [H]
6. Il vaut mieux traverser … [H]

a. … les plats locaux.
b. … un billet pour ??
c. … du shopping en ville.
d. … à la plage.
e. … le pont en train.
f. … un ?? tout terrain.

> il faut + infinitive — you must
> on peut + infinitive — you can
> on doit + infinitive — you must
> [H] il vaut mieux + infinitive — it's better
> [H] il vaut la peine de + infinitive — it's worth

> **G**
> To ask ?? something is the case, you can put *est-ce que* in front of a sentence:
> C'est ouvert. (It's open.) → **Est-ce que** c'est ouvert? (Is it open?)
> To ask for other types of information, use question words like:
> où — where
> combien — how much / how many
> à quelle heure — at what time
> ?? qui — with whom
> quel/quelle/quels/quelles — which

3 Rewrite these sentences as questions using *Est-ce que*.

1. Tu as trouvé une solution. Est-ce que tu as ....
2. Elle veut manger des légumes. ....
3. La viande est locale. ....
4. Le café se situe près de la gare. ....
5. On va descendre du train. ....

4 Complete each question with the correct question word.

1. .... est ton site historique préféré?
2. Tu as vu les informations ....?

> Remember that *quel* needs to agree with the noun in number and gender.

80 *AQA GCSE French © Pearson Education Limited 2025*

Module 5
Student Book pp. 110–111

H 3 .... tu gardes les informations secrètes?

H 4 Il y a .... d'affiches dans la chambre?

H 5 .... as-tu trouvé l'accueil de l'hôtel?

H 6 Tu préfères .... voix?

H **5** Rewrite each question, putting the words into the correct order.

1 le prix   où   qu'on   voit   est-ce

   ....

2 veux-tu   le gâteau   pourquoi

   ....

3 à quelle   la grève   a commencé   heure

   ....

4 étiez   la fête surprise   avec qui   vous   pour

   ....

> Remember you can also form questions by inverting the subject and the verb.

F **6** Translate these sentences into French.

1 I like to see the town by bike.
   ....

2 You can climb a mountain.
   ....

3 You must reserve the boat visit.
   ....

4 At what time does the castle open?
   ....

5 Are animals accepted?
   ....

H **7** Translate these sentences into English.

1 Je suis dans le sud de la France pour mon séjour annuel à la demande de mes parents.
   ....

2 C'est une ville très sûre et il y a beaucoup de choses à faire pour les touristes.
   ....

3 Qu'est-ce que tu ferais – est-ce que tu visiterais la vieille ville?
   ....

4 Le mieux, c'est que la mer est très claire: idéale pour voir les poissons.
   ....

5 Quand est-ce que tu viens ici?
   ....

3 Le monde en fête
Using the perfect and imperfect tenses together

1 Separate and write out the nouns. Then translate them into English.

laglacelacultureleconcertlaplacelecôtélemarchéladécouvertelaplage

1 la glace   ice cream
2 ....
3 ....
4 ....
5 ....
6 ....
7 ....
8 ....

2 Rewrite each sentence, putting the words into the correct order.

1 très / le château / est / vieux   Le château est ....
2 ouvert / le centre commercial / est   ....
3 le bus / rapide / assez / est / Attention!   ....
H 4 plaisir / d'avoir / c'est un / expérience / cette   ....
H 5 est / le coût / festival / haut / du / relative...   ....

> The **perfect tense** is used to talk about single actions that happened in the past.
> *Je suis allé(e)* chez mon oncle.   I went to my uncle's house.
> *Nous avons mangé* de la glace.   We ate ice cream.
>
> One of the uses of the imperfect tense is to describe what something was like:
> *J'étais* contente.   I was happy.
> *C'était* extraordinaire.   It was extraordinary.
> *Il y avait* beaucoup de gens.   There were lots of people.

3 Tick the correct box to show if these sentences are in the perfect or the imperfect tense.

	perfect	imperfect
1 La fête n'était pas populaire.	☐	☐
2 Je suis allé au festival de musique.	☐	☐
3 Il y avait beaucoup de touristes.	☐	☐
4 J'étais très content de voir mes amis.	☐	☐
5 Nous avons voyagé à la fête en train.	☐	☐
6 Je n'ai pas mangé le reste du gâteau.	☐	☐

> You can use both tenses in the same sentence to say what someone was doing (**imperfect**) when something else happened (**perfect**).
> *Je prenais* mon petit-déjeuner quand *j'ai entendu* la musique.
> **I was having** my breakfast when **I heard** the music.

4 Circle the correct English translation for each underlined phrase.

1 <u>Je mangeais</u> (**I was eating** / **I ate**) mon déjeuner quand <u>j'ai reçu</u> (**I received** / **I was receiving**) la lettre.

2 <u>Elle dansait</u> (**She was dancing** / **She danced**) avec le défilé quand <u>elle a vu</u> (**she saw** / **she was seeing**) ses parents.

Module 5
Student Book pp. 112–113

H 3 Nous attendions (**We were waiting for** / **We waited for**) l'ouverture du marché quand ma mère est tombée (**my mother was falling** / **my mother fell**).

H 4 Ils ont annulé (**They cancelled** / **They were cancelling**) la visite parce qu'il y avait (**there were** / **there is**) trop de plaintes.

H 5 Complete the sentences, putting the first verb in the imperfect tense and the second verb in the perfect tense.

1 Il .... (*faire*) la cuisine quand tu lui .... (*donner*) les frites.

2 Le concert du groupe que j'aime .... (*être*) complet quand nous .... (*arriver*).

3 Elle .... (*tenir*) une valise lourde quand elle .... (*tomber*), ce qui était une vraie catastrophe!

4 Quand nous .... (*regarder*) le soleil, les animaux qui étaient dans le parc .... (*manger*) notre repas.

> Relative pronouns are words like 'who', 'which' or 'that'. They refer to a noun and can help extend sentences.
> *Qui* is used when it's the subject of the verb.
> **H** *Que* is used when it's the object of the verb.

F 6 Translate these sentences into English.

1 La fête s'appelle *La fête de la musique*.

2 Je suis allé au concert avec mes parents.

3 Il y avait beaucoup de chanteurs.

4 Vous pouvez aller à la fête demain.

5 Est-ce que tu es allé à la fête l'année dernière?

H 7 Translate these sentences into French on a separate sheet.

1 Last weekend I went to a film festival in Paris. — *Take care with word order.*

2 It was very interesting and there were films from different countries.

3 We were able to meet several actors that I already know. — *Use pouvoir in the perfect tense.*

4 The festival lasted three days and the big winner was a Canadian film which is called *Sous les arbres*.

5 I would like to return to the festival next year but I think it is better to reserve the hotel now! — *Use il vaut mieux.*

4 Guide de voyage
F Using negatives in the imperfect and perfect tenses

Module 5
Student Book pp. 114–115

1 Unjumble the letters to make French words. Then draw lines to match them up with the English translations.

1 l'telhô ....   a holiday
2 la hambcre ....   b bedroom
3 le ilt ....   c toilet
4 la retenêf ....   d hotel
5 la ltteoite ....   e window
6 les vacescan ....   f bed

> **G**
> In the imperfect tense, **negatives** go around the verb:
> L'hôtel **n'**était **pas** cher.   The hotel was not expensive.
> In the perfect tense, most negatives go around the part of avoir or être:
> je **n'ai pas** joué   I did **not** play
> je **n'ai rien** mangé   I ate **nothing**
> je **ne** suis **jamais** allé(e)   I have **never** been
> *Personne* goes after the past participle:
> Je **n'**ai trouvé **personne**.   I found no-one.

2 Rewrite these sentences in the negative using *ne...pas*. Then tick the correct box to show if the sentence is in the perfect or the imperfect tense.

	perfect	imperfect
1 J'ai réservé deux chambres.	☐	☐
2 La chambre était très grande.	☐	☐
3 Elle a bien dormi hier soir.	☐	☐
4 Le lit était petit.	☐	☐

3 Complete the missing words in the parallel translations.

1	J'ai .... dans cet hôtel.	I spent three nights in this ....
2	.... n'était pas propre.	The room wasn't ....
3	Je n'ai trouvé .... à la piscine.	I found no-one at ....
4	.... n'a .... ns .... au restau...	We ate nothing in the restaurant.

4 Translate these sentences into French.

> Remember that '**go** camping' = **faire** du camping.

1 I have never been camping. ....
2 The hotel was quite big. ....
3 It is necessary to reserve a bedroom. ....
4 The bed was not very clean. ....
5 I didn't find the key this morning. ....

84   AQA GCSE French © Pearson Education Limited 2025

4 Guide de voyage

H Using the perfect tense of modal verbs
- Using various negatives

Module 5
Student Book pp. 114–115

H 1 Draw lines to match up the infinitive verbs with the past participles.

1 savoir (*to know*)   a pu
2 vouloir (*to want*)   b prévenu
3 inclure (*to include*)   c voulu
4 devoir (*to have to*)   d dû
5 pouvoir (*to be able to*) e inclus
6 prévenir (*to warn*)   f su

> **H** *ne … aucun(e)* means 'no', 'not any' or 'not a single'.
> *ne … ni … ni …* means 'neither … nor …'.
> *ne … que* means 'only'. **G**

H 2 Translate the underlined part of each sentence into English.

1 <u>J'ai voulu voir</u> la vitesse du train. ....
2 <u>Elle a dû remplir</u> la voiture. ....
3 <u>Je n'ai pas pu trouver</u> les détails. ....
4 <u>Ils n'ont pas voulu choisir</u> ce camping. ....
5 <u>Tu as pu</u> visiter des endroits secrets. ....
6 <u>Je n'ai pas voulu regarder</u> la météo. ....

H 3 Rewrite these negative sentences, putting the words in the correct order.

1 plage aucun il à bruit
....

2 ni ni n'ai vu restaurant de piscine
....

3 qu'une avait court attente
....

4 heures n'avons q nous dormi trois
....

5 situé ne se pas de moi près chez le cinéma
....

H 4 Translate these sentences into English on a separate sheet.

1 J'ai réservé une chambre dans un hôtel unique, avec de bons commentaires officiels.
2 Par contre, en arrivant, on m'a parlé de façon froide – c'était un vrai choc!
3 Le pire était que le directeur m'a répondu de manière très négative.
4 Dans la chambre, il y avait un objet noir et blanc posé sur la table.
5 Quand j'ai demandé l'addition, j'ai dû attendre une heure. Voilà! Quelle mauvaise expérience!

5 Vive les vacances!

Using *si* + the present tense + the future tense

1 Complete these weather expressions with *il, il fait* or *il y a*. Then choose an English translation from the box.

1 il fait .... chaud ..hot..........
2 .... du soleil ....
3 .... beau ....
4 .... mauvais ....
5 .... pleut ....
6 .... du vent ....
7 .... froid ....

rain cold nice
sun ~~hot~~ wind
bad

2 Translate these cognates and near-cognates into English.

1 le camping ....
2 l'équipement ....
3 la réalité ....
4 l'aéroport ....
5 la surprise ....

[H] 6 le b......ge ....
[H] 7 la récep....on ....
     8 le r....port ....
[H] 9 la n....essité ....
    10 ....condition ....

> To say what you are going to do if something happens or is a particular way, use:
> *si* + present tense + near future tense
> *S'il fait froid, je vais rester chez moi.* – If it's cold, I am going to stay at home.
> *S'il fait beau, elle va aller à la plage.* – If it's nice, she is going to go to the beach. **G**

3 Complete these sentences with the missing verbs.

1 S'il .... beau, je .... faire du vélo avec mon père.
2 S'il y .... du soleil, nous .... aller au parc.
3 S'il ...., elle va .... un film à la maison.
4 S'il .... mauvais, je ne vais pas .... au football.

4 Complete the sentences, putting the verbs in brackets into the present or the near future tense.

1 Si le restaurant est fermé, je .... *(frapper)* à la porte.
2 Si elle .... *(gagner)* beaucoup d'argent, elle va aller en vacances.
3 Si vous êtes en retard, nous .... *(rester)* à la gare.
4 Si je .... *(voir)* mon frère, je vais parler à sa femme aussi.
5 Si la visite est complète, nous .... *(visiter)* la vieille ville.

Module 5
Student Book pp. 116–117

> **H** You can use the simple future tense instead of the near future tense to make sentences saying what you will do if something happens or is a particular way.

H 5 Rewrite the sentences from exercise 4 using the simple future instead of the near future in the second part of the sentence.

1 Si le restaurant est fermé, je frapperai à la porte.
2 ...
3 ...
4 ...
5 ...

F 6 Translate these sentences into English.

1 Pendant les vacances scolaires, je vais chez ma tante.

2 Normalement, s'il fait chaud, on mange dans le jardin.

3 L'été dernier, je suis allée à Paris avec mes amis.

4 Un jour, je voudrais faire du vélo en Belgique.

5 S'il fait beau, nous allons faire du camping.

H 7 Translate these sentences into French. — Use *devoir* + infinitive.

1 Normally, during the summer holidays, I stay at home because my parents have to work at the hospital.

2 My brother and I sometimes go to the hospital too to help the other children and to play with them in the garden.

3 Last Christmas, my parents weren't working, so we went to France.

— Use *ça nous a fait du bien*.

4 It was nice weather and it did us good to do some different activities.

5 Next weekend, if it rains, I will go to the swimming pool, but if it's hot, I will play football on the beach.

Glossary

bold = this word will appear in Higher exams only

absolument	absolutely
accepter	(to) accept, admit / accepting, admitting
accompagner	(to) accompany / accompanying
accueil (m)	welcome, reception
action (f)	action
addition (f)	bill
aéroport (m)	airport
affiche (f)	poster
année (f)	year
annuel	annual, yearly (m)
annuler	(to) cancel, undo / cancelling, undoing
appeler; s'appeler	(to) call / calling; (to) be named / being named
apporter	(to) bring (something) / bringing (something)
apprécier	(to) appreciate, like / appreciating, liking
art (m)	art
attente (f)	wait
attention	watch out!
aura	(she, he, it, one, we (informal, impersonal)) will have
aurais	(I would have / (you (sing informal)) would have
aurait	(she, he, it, one, we (informal, impersonal)) would have
autour	around
avion (m)	aeroplane
bagage (m)	luggage, baggage
belle	beautiful (f)

bord (m)	edge, side
bruit (m)	noise
campagne (f)	countryside
camping (m)	camping
catastrophe (f)	catastrophe, disaster
choc (m)	shock, clash
choix (m)	choice
ciel (m)	sky
cité (f)	council estate
clair	clear (m)
complet	full, complete (m)
complète	full, complete (f)
comprendre	(to) understand / understanding
condition (f)	condition
côte	coast
côté (m)	side
couper	(to) cut / cutting
coût (m)	cost
coûter	(to) cost / costing
culture (f)	culture
culturel	cultural (m)
découverte (f)	discovery
découvrir	(to) discover / discovering
défilé (m)	parade, procession
demande (f)	request, demand
descendre; descendre de + noun	(to) go down / going down, (to) get off + noun, get out of + noun / getting off + noun, getting out of + noun
détail (m)	detail
différent	different (m)
direct	direct (m)
divers	varied, diverse (m)

Module 5: Glossary

doit	(she, he, it, one) has to, must / (we (informal, impersonal)) have to, must
(aux) dû	had to / (have, has) had to
durer	(to) last / lasting
eau (f)	water
emporter	(to) take with, take away / taking with, taking away
enquête (f)	survey, investigation
enregistrer	(to) record, save / recording, saving
entendre; s'entendre (avec …)	(to) hear / hearing; (to) get on, get along (with someone) / getting on, getting along (with someone)
envoyer	(to) send / sending
équipement (m)	equipment
étonnant	surprising, amazing, incredible (m)
euro (m)	euro
expérience (f)	experience
façon (f)	way, manner
faisait; faisait de	(she, he, it, one, we (informal, impersonal)) used to do, used to make, was doing, was making / (we (informal, impersonal)) were doing, were making
fenêtre (f)	window
ferais; ferais de	(I) would do, would make / (you (sing informal)) would do, would make
ferait; ferait de	(she, he, it, one, we (informal, impersonal)) would do, would make
ferme (f)	farm, firm
fermer	(to) close, shut / closing, shutting
festival (m)	festival
fête (f)	party, festival
frapper	(to) hit, knock / hitting, knocking
gâteau (m)	cake
glace (f)	ice cream, ice
grève (f)	strike
historique	historic
hôtel (m)	hotel
idéal	ideal (m)
il fait (beau)	it is / it's (nice)
il pleut	it is / it's raining
il vaut la peine de + infinitive	it is / it's worth + verb
il vaut mieux + infinitive	it is / it's better + verb
île (f)	island
inclure	(to) include / including
(aux) inclus	included / (have, has) included
international	international (m)
irais	(I) would go / (you (sing informal)) would go
irait	(she, he, it, one, we (informal, impersonal)) would go
là-bas	over there, out there
le mieux	(the) best
le pire	the worst, the least well
lever; se lever	(to) lift, raise / lifting, raising; (to) get up, stand up, rise (sun) / getting up, standing up, rising (sun)
local	local (m)
lourd	heavy (m)

AQA GCSE French © Pearson Education Limited 2025

Module 5: Glossary

manière (f)	manner, way
marcher	(to) walk, work / walking, working
mer (f)	sea
météo (f)	weather forecast
montagne (f)	mountain
monter; monter (à + noun)	(to) go up / going up; (to) climb (up + noun) / climbing (up + noun)
nature (f)	nature
nécessaire	necessary, required (m, f)
nécessité (f)	necessity, need
normalement	normally
nourriture (f)	food
nouveaux	new
nouvelle	new (f)
objet (m)	object, subject line
officiel	official (m)
ouvert	open (m)
ouverture (f)	opening
ouvrir	(to) open / opening
par	by, per
par contre	on the other hand
payer	(to) pay (for) / paying (for)
pays (m)	country
paysage (m)	landscape, scenery, countryside
peut	(he, she, it, one) is able to, can / (we (informal, impersonal)) are able to, can
place (f)	room, space, square, place
plage (f)	beach
plainte (f)	moan, complaint
plaisir (m)	pleasure

pluie (f)	rain
pont (m)	bridge
populaire	popular (m, f)
pouvez	(you (pl, sing formal)) are able to, can
prévenir	(to) let know, warn / letting know, warning
prix (m)	price, prize
produit (m)	product
profiter de + noun	(to) make the most of + noun, enjoy + noun / making the most of + noun, enjoying + noun
(ai/a/avons/avez/ont) pu	was / were able to, could (have, has) been able to
quelque(s)	some (m, f) (pl)
qui, qui?	who, that / who?
rapport (m)	relationship, report
réalité (f)	reality
réception (f)	reception
recommander	(to) recommend / recommending
régional	regional (m)
relativement	relatively
remplir	(to) fill (up), (in) / filling (up), (in)
rencontrer	(to) meet, run into / meeting, running into
rentrer	(to) go in, come in, come back (in), go back (in) / going in, coming in, coming back (in), going back (in)
repas (m)	meal
réserver	(to) reserve, book, keep / reserving, booking, keeping
reste (m)	rest

90 AQA GCSE French © Pearson Education Limited 2025

Module 5: Glossary

retourner	(to) return, go back, turn over, turn around / returning, going back, turning over, turning around
rivière (f)	river
roi (m)	king
se relaxer	(to) relax / relaxing
secret	secret (m)
secrète	secret (f)
séjour (m)	stay
semaine (f)	week
serais	(I) would be / you (sing informal)) would be
serait	(she, he, it, one, we (informal, impersonal)) would be
service (m)	service
shopping (m)	shopping
site (m)	site
situer; se situer	(to) place, put, situate / placing, putting, situating; (to) be situated, take place / being situated, taking place
soleil (m)	sun
solution (f)	solution
sortir	(to) go out, exit, take out, release / going out, taking out, releasing
sous	under
(aux) su	knew (how to), could / (have, has) known (how to), (have, has) been able to
sûr	safe, sure (m)
surprise (f)	surprise
tenir	(to) hold / holding
ticket (m)	ticket
toilette (f)	washing, toilet, lavatory, bathroom, restroom
touriste (m)	tourist
tous	everyone, all of them
train (m)	train
unique	unique (m, f)
vacances (f)	holiday
valise (f)	suitcase
vent (m)	wind
veut	(she, he, it, one) wants (to) / (we (informal, impersonal)) want (to)
vieille	old (f)
vieux, vieil	old (m)
vif	lively (m)
visite (f)	visit, tour
vitesse (f)	speed
voilà	right, there, here
voit	(she, he, it, one) sees / is seeing / (we (informal, impersonal)) see / are seeing
voix (f)	voice
vol (m)	flight, theft
vouloir	(to) want (to) / wanting (to)
(aux) voulu	wanted / (have, has) wanted
voyage (m)	trip, journey
voyager	(to) travel (around) / travelling (around)
vue (f)	view
week-end (m)	weekend

AQA GCSE French © Pearson Education Limited 2025

Foundation translation revision

French to English

1 Underline the English parts in these tangled sentences. Then rewrite each sentence in English.

1. Mes matières préférées are English and maths.

   ....

2. I find la musique plus fun que le théâtre.

   ....

3. Je n'ai never forgotten de faire my devoirs.

   ....

4. Après sixth form, je vais étudier les sciences at university.

   ....

2 Circle the deliberate mistake in each English translation. Then write out the corrected word.

1. Les cours sont trop longs pour moi. — Lessons are too long for me. ....
2. Elle va être plus active en classe. — She is going to be less active in class. ....
3. Il ne faut pas arriver en retard. — He must not arrive late. ....
4. S'il fait chaud, on joue au foot. — If it's cold we play football. ....

3 Read this French paragraph and complete the partial translation.

Je m'appelle Tom, j'ai quinze ans et je suis en troisième. Au collège, je ne suis pas très travailleur et je n'aime pas vraiment les règles. Mais les profs sont sympa, en général. Le soir, je fais beaucoup de sport. Par exemple, le mardi et le jeudi, je joue au foot pour l'équipe de mon village. Dimanche dernier, nous avons gagné un match très difficile — c'était génial!

My name is Tom, I'm **1** .... years old and I'm in Year **2** .... At school, I am not very **3** .... and I don't really like the **4** .... But the teachers are **5** ...., in general. In the **6** ...., I do lots of sport. For example, on **7** .... and **8** ...., I play football for the **9** .... in my village. **10** .... Sunday, we **11** .... a very difficult match – it **12** .... great!

4 Translate these sentences into English.

1. Ma matière préférée est le théâtre. ....

2. La journée scolaire est plus courte en Angleterre. ....

   ....

3. Il ne faut pas utiliser son portable en classe. ....

4. L'année prochaine, je vais travailler dans un supermarché. ....

   ....

5. Quelle était ta matière préférée l'année dernière? ....

   ....

AQA GCSE French © Pearson Education Limited 2025

English to French

Modules 1–5: Translation revision

1 Translate these phrases into French.

1. in my family ....
2. my sisters ....
3. your birthday ....
4. a big cake ....
5. I played ....
6. I am going to play ....
7. last weekend ....
8. next weekend ....

2 Translate these sentences into French, using the phrases in the grid.

1. I get on well with my brothers.

   ....

2. We like to play video games together, in my brother Charlie's bedroom.

   ....

3. Sometimes we play for four or five hours.

   ....

de mon frère Charlie	ensemble	nous jouons	à des jeux vidéo
quatre ou cinq heures	je m'entends bien		pendant
nous aimons jouer	parfois	avec mes frères	dans la chambre

3 Circle the correct translation, A or B.

1	We ate a big meal.	A	Nous avons mangé un grand repas.	B	Nous allons manger un grand repas.
2	He has blue eyes.	A	Il a les cheveux bleus.	B	Il a les yeux bleus.
3	My aunt goes to bed at 8pm.	A	Ma tante se lève à 8h.	B	Ma tante se couche à 20h.
4	The castle was very big.	A	Le château était très grand.	B	L'église était très grande.

4 Translate these sentences into French.

1. In my family, there are five people.

   ....

2. I get on very well with my parents.

   ....

3. My brother isn't very nice.

   ....

4. Last weekend, it was my father's birthday.

   ....

5. We went to the beach to play football.

   ....

Higher translation revision

French to English

1 Write out this tangled translation entirely in English.

> Ma passion, c'est faire du vélo with my copains. Je sors almost every day et selon moi, it's non seulement bon for la forme, but also amusant car je can passer du temps with mes amis. However, le week-end prochain, je ferai cycling tout seul à la montagne near chez moi.

....
....
....
....

2 Circle the nine deliberate mistakes in the English translation. Then write the correct words.

> Je sais que je ne peux pas vivre sans mon portable. En général, je passe quatre heures par jour à lire des articles et à partager des photos en ligne. Cependant, je comprends qu'il y a des risques, surtout pour les jeunes, par exemple le crime et le vol. Au collège, les écrans sont interdits en classe; je pense que c'est une bonne idée.

> I know that I can't listen without my laptop. In general, I take four hours per week reading articles and looking at photos online. However, I understand that there are problems, especially for old people, for example crime and violence. At school, screens are allowed in class; I think it's a good idea.

3 Underline all the verbs in the paragraph and then translate them into English.

> Normalement, qu'est-ce que <u>tu fais</u> pour célébrer ton anniversaire? Moi, je préfère rester à la maison avec ma famille. On commande du fast-food et on passe un bon moment tous ensemble. D'un autre côté, mon frère aime sortir avec ses copains pour son anniversaire. Le mois prochain, il ira au restaurant pour manger un grand repas de fête. Il y aura un grand gâteau, je crois!

tu fais - you do

....
....
....
....
....

4 Translate these sentences into English on a separate sheet.

  1 Je passe trop de temps sur mon portable.

  2 J'achète souvent des vêtements en ligne, et je partage des photos presque tous les jours.

  3 J'ai une bonne relation avec ma famille. Cependant, le week-end dernier, je ne me suis pas très bien entendu avec mon petit frère.

  4 C'était assez difficile pour tout le monde, surtout mes parents.

  5 Ça va mieux maintenant; on ira tous au cinéma ce soir et après on mangera au restaurant.

Modules 1–5: Translation revision

English to French

1 Translate these phrases into French.

1 it will be ....
2 it would be ....
3 abroad ....
4 a small town ....
5 I want to visit ....
6 I don't want to go ....
7 there is/are ....
8 there isn't/aren't ....

2 Write the letters of the French phrases in the correct order to translate the paragraph into French. There are some phrases that you won't need to use!

In my region, there are lots of things to do. You can go to the museum in the old town, and there is even a historic bridge for people who like history. I would like to go to France one day because I think it's a beautiful country.

A je voudrais voyager en France en avion
B on peut aller au musée dans la vieille ville
C pour les gens qui aiment l'histoire
D car je pense que c'est un beau pays
E dans ma région, il y a beaucoup de choses à faire
F il n'y a pas de musée dans ma ville
G j'aimerais aller en France un jour
H et il y a même un pont historique

....

3 Read this English paragraph and complete the translation.

I prefer to travel by plane because it's quicker. I know that there are sometimes problems at the airport but I watch videos to pass the time. My mother doesn't like taking the plane – she is afraid and sometimes I argue with her. Next summer, I will go to Martinique with my family. We will travel by plane. The journey will last six hours, I think.

Je **1** .... en avion parce que c' **2** .... plus rapide. Je **3** .... qu'il y **4** .... parfois des problèmes à l'aéroport mais je **5** .... des vidéos pour **6** .... le temps. Ma mère **7** .... l'avion; elle **8** .... peur et parfois je me **9** .... avec elle. L'été prochain, j' **10** .... en Martinique avec ma famille. Nous **11** .... en avion et le voyage **12** .... six heures, je **13** ....

4 Translate these sentences into French on a separate sheet.

1 I live in a small town in the south of England.
2 It's a quiet region but there are lots of historical buildings for tourists.
3 I don't want to spend the holidays at home; I would prefer to go abroad where it's warmer weather.
4 Canada would be perfect for me: I would visit the cities and also the beautiful countryside.
5 Even in summer, the mountains are amazing.

Zone de culture Madagascar: miroir du monde?
Practising numbers and percentages

1 Write the correct number or percentage from the box.

1 vingt pour cent ....
2 cinquante-cinq pour cent ....
3 quatre-vingt-dix pour cent ....
4 trente-sept pour cent ....
5 soixante-trois pour cent ....
6 vingt + quinze = ...
7 cinquante-cinq ÷ cinq = ...
8 quarante + seize = ...
9 quarante – quinze = ...
10 quatre-vingt-dix – dix-sept = ...

56	73
20%	35
90%	63%
11	37%
25	55%

2 Crack the code to find the French words. Complete the key as you go along – each symbol is one letter. Then write the English translations from the box next to each French word.

	French word	English translation
1 *OLLU^IO%		
2 *LA%È^E		
3 OR+A%ISA^IO%		
4 *O*ULA^IO%		
5 *ROBLÈ#E		
H 6 *ROTE?^IO%		
H 7 ?HA%+E#E%^ DU ?LI#A^		
H 8 ES*È?ES		

protection
species
pollution
climate change
population
planet
problem
organisation

| * | | % | | ? | | | | # | | + | |

3 Complete each sentence using a word from the box.

1 On utilise trop de .... naturelles.
2 Est-ce que tu aides à .... l'environnement?
3 Est-ce vous utilisez de l'énergie ....?
H 4 Le plus grand problème, à mon avis, c'est la ....
H 5 Arrêter la .... des forêts est important, selon moi.

verte
destruction
faim
protéger
ressources

G When talking about one person, we use the singular 'he/she' ending of the verb:
une personne parle   one person is talking
When talking about more than one person, we use the plural 'they' ending of the verb:
trois personnes parlent   three people are talking

4 This chart shows the number of students who agree or disagree with each statement. Correct the underlined words to match the data in the chart. You may need to change the verb endings.

	agree	disagree
La pollution est un grand problème.	|||||		
La planète est en danger.	||||	||
La solution est difficile.			|||||
Protéger le monde naturel est un thème important.	33%	67%
Le réchauffement de la planète est la faute de cette génération.	17%	83%

1 <u>Trois personnes pensent</u> que la pollution n'est pas un grand problème.

2 <u>Une personne pense</u> que la planète est en danger.

3 <u>Cinq personnes trouvent</u> que la solution est difficile.

4 <u>Soixante-sept pour cent de la classe trouve</u> que protéger le monde naturel est un thème important.

5 <u>Quatre-vingt-trois pour cent pense</u> que le réchauffement de la planète est la faute de cette génération.

H 5 Draw lines to match up the sentence halves.

1 Une grande quantité de personnes pense que …
2 Il est important de ne pas rester …
3 Beaucoup de personnes pensent …
4 Chacun doit réagir pour préserver …
5 Si on ne fait rien, les …
6 Les attitudes positives peuvent nous …
7 La puissance des énergies vertes peut …
8 Unir nos efforts est essentiel …

a … l'environnement et protéger l'humanité.
b … forêts vont disparaître.
c … pour défendre notre planète.
d … produire un changement positif.
e … on est au début de la lutte.
f … inactif quand il y a des tragédies et guerres dans le monde.
g … la coopération mondiale est importante.
h … conduire vers un débat au sujet de l'environnement.

F 6 Translate these sentences into French.

1 I think that the planet is in danger.
2 Three people think that the solution is difficult.
3 Two people find that protecting the natural world is important.
4 Is pollution a big problem, in your opinion?
5 We use too much of our natural resources.

Use *On utilise*.

H 7 Translate these sentences into English on a separate sheet.

1 Actuellement, l'état de l'environnement concerne une majorité de personnes.
2 Par exemple, soixante-dix pour cent des gens pensent que la pollution est un grand problème.
3 Parmi eux, environ vingt pour cent aide dans la bataille.
4 Ayant compris la situation, des professeurs d'université font de la recherche.
5 En plus, ils essayent de démontrer l'importance de la coopération internationale.

1 Notre monde est beau
F Using comparative adjectives

Module 6
Student Book pp. 136–137

1 Draw lines to match up the French words with their English translations.

1 automne   a weather
2 saison   b region
3 temps   c spring
4 hiver   d season
5 printemps   e summer
6 région   f autumn
7 été   g fog
8 brouillard   h winter

> **G** Use comparative adjectives to compare things:
> **plus** + adjective + **que**   more + adjective + than
> **moins** + adjective + **que**   less + adjective + than
> The adjective must agree in gender and number with the first noun in the sentence.

2 Rewrite each sentence on a separate sheet, putting the words into the correct order.

1 est | La montagne | haute | que | plus | plage | la
2 chaude | est | La France | que | Canada | le
3 bus | est | rapide | que | plus | Le train | e
4 la | L'animal | vite | que | va | moins | iture
5 est | La forêt | grande | que | pl... | village
6 que | La maison | moderne | moins | e... | appa...ment | l'

3 Complete each sentence using ... ord from ... bo...

hautes   Maroc   généralement   impor...   long   population

1 La population ac... de la France e... plus grande que la .... de la Belgique.
2 Le Congo est plus .... le Rhin.
3 En Tunisi... les monta... sont moins .... que les montagnes ici.
4 Le ...mps en hiver au C...ada est .... plus froid qu'en France, sans doute.
5 Il ...it plus ...au ... . qu'en Belgique.
6 La Terre est en dan...r; réduire la pollution est plus .... que changer le gouvernement, à mon avis.

4 Translate these sentences into English.

1 Voici une photo de mes vacances au Maroc. ....
2 En hiver il fait très chaud, plus chaud qu'ici par exemple. ....
3 Il y a un grand nombre de villages là-bas. ....
4 Au printemps, il fait mauvais et il pleut beaucoup. ....
5 Il y a de hautes montagnes là, mais moins hautes qu'au Canada. ....

1 Notre monde est beau
H Using comparatives and superlatives

Module 6
Student Book pp. 136–137

H 1 Complete each sentence using a word from the box.

1 Dans l'est du ...., la production d'énergie nucléaire est en débat.

2 Le pays est connu pour ses ...., ses fleurs, ses plantes et ses oiseaux.

3 Il y a souvent du .... en hiver et au moins un mètre de neige.

4 Septembre est le mois le plus ....; il y a beaucoup de gens dans le parc.

5 Le pays a beaucoup de montagnes où les .... pratiquent des activités de plein air.

6 Il y en a qui croient que la richesse des forêts est une arme puissante contre le .... du climat.

7 Si nous faisons attention à l'utilisation des ...., nous pouvons préserver notre monde.

citoyens
chaud
ressources
animaux
changement
brouillard
pays

> **H** The comparative is used to compare things:
> *L'animal est plus grand que …* *… montagne est moins haute que …*
>
> The superlative is used to say something is 'the most …' or 'the least …' of something, e.g. 'the biggest' or 'the smallest':
> ***Les* problèmes *les* moins importants …** *la plus grande forêt …*
> Comparatives and superlatives must agree in gender and number.

H 2 Circle the correct form of the adjective to complete each sentence.

1 La ville est moins **beau / belle / beaux** que le village.

2 Le restaurant est plus **chère / chers / cher** que le café.

3 Les arbres sont les plus **hauts / haute / haute** de la forêt.

4 Ces maisons sont les plus **anciens / ancienne / anciennes** de la ville.

5 Les chiens sont moins **intéressants / intéressante / intéressantes** que les oiseaux.

H 3 Complete each sentence using a word from the box in either a comparative or a superlative form. Follow the prompts given in brackets.

1 La montagne est plus haute que .... le lac. (+ *comparative*)

2 Le .... de la région. (– *superlative*)

3 Le train est .... le bus. (– *comparative*)

4 La solution .... de toutes. (– *superlative*)

5 Le film est .... le livre. (+ *comparative*)

intéressant
chaud
efficace
~~haute~~
propre

H 4 Translate these sentences into French on a separate sheet.

1 I live in the Alps where there are high mountains, long rivers and lots of animals and plants.

2 In winter, it is very cold, and in summer, it is hotter than in spring.

3 However, the use of nuclear energy is in debate here.

4 You can see a large number of birds in the park; there are lots of different species.

5 They say that Canada is the best country in the world.

2 Planète en danger
F Talking about future weather

Module 6
Student Book pp. 138–139

1 Fill in the missing vowels in these French words and phrases. Then write the English translations from the box next to each French word or phrase.

green transport   reducing rubbish   the environment   recycling   global warming
protecting flowers and trees   the natural world   sea pollution

1	L_ R_CH__FF_M_NT D_ L_ PL_N_T_	....
2	L_ R_CYCL_G_	....
3	L_ P_LL_T__N D_ L_ M_R	....
4	L'_NV_R_NN_M_NT	....
5	L_ TR_NSP_RT V_RT	....
6	PR_T_G_R L_S FL__RS _T L_S _RBR_S	....
7	L_ M_ND_ N_T_R_L	....
8	R_D__R_ L_S D_CH_TS	....

2 Separate out the words to make accurate sentences about the weather. Write on a separate sheet.

1. ilvafairemauvais
2. ilyauradusoleiletaussiduvent
3. ceweek-endilvafairefroid
4. danslefuturilyauraduvent
5. queltempsva-t-ilfaire?

G To talk about the weather in the future, use the following structures:
Il fait beau ⟶ Il va faire beau (the near future tense)
Il y a du vent ⟶ Il y aura du vent (il y a in the future)

3 Rearrange the sections of text to create a paragraph starting with section 5.

1. problèmes. Dans le futur, il y aura tr...
2. inquiétante. La pollution de la mer et
3. chaud! Le recyclage est une solution possible. Il faut
4. le réchauffement de la planète sont de grands
5. C'est dans une situation
6. les plantes vertes. Il ne faut pas détruire notre monde!
7. de vent et il fera plus
8. développer de nouvelles technologies, par exemple

On est dans une situation ....

4 Translate these sentences into French on a separate sheet.

1. Next weekend, the weather is going to be bad and it will be windy.
2. I think that sea pollution is terrible.
3. The planet is in danger and we must protect the environment.
4. Electric transport is a possible solution.
5. In the future, it will be a lot hotter.

2 Planète en danger

Module 6
Student Book pp. 138–139

H Understanding the present tense of the passive voice

H 1 Complete the French translations using a word from the box.

1 Reduce traffic. .... la circulation.
2 Stop global conflict. .... les conflits mondiaux.
3 Decrease the number of vehicles. .... le nombre de véhicules.
4 Fight against the effects of climate change. .... contre les effets du changement du climat.
5 Replace plastic with green products. .... le plastique par des produits verts.
6 Distribute information and documents on the global situation. .... des informations et des documents sur la situation globale.

> Remplacer
> Distribuer
> Encourager
> Arrêter
> Lutter
> Réduire
> Diminuer

> The present tense of the passive voice is used to talk about things that **are done**. Use the present tense of *être* followed by a past participle. The past participle must agree with the subject.
>
> **La** planète est menac**ée** par le changement climatique.
> **Elles** sont touch**ées** par tous les efforts pour protéger la planète.

H 2 Complete the missing words in these parallel translations.

1	L'................... de l'énergie doit être .... pour protéger la Terre.	Energy use must be reduced to .... the ....
2	Les .... naturelles sont .... par des lois.	.... resources are protected by ....
3	Chaque .... peut contribuer à la protection de notre monde et le résultat sera	Each person can .... to the .... of our world and the result will be positive.

H 3 Complete each sentence with the past participle of the verb in brackets. Remember that it must agree with the subject.

1 La pollution est .... par les émissions des véhicules. (*causer*)
2 Les ressources naturelles sont complètement .... par des lois. (*protéger*)
3 Les animaux sont .... par la destruction des forêts. (*menacer*)
4 Les questions sur la pollution sont .... pendant la manifestation. (*poser*)
5 Des sacs pour le recyclage sont .... dans la ville pour encourager les gens à séparer les déchets. (*placer*)
6 Le pire, c'est que les déchets sont .... dans la rivière. (*lancer*)

H 4 Translate these sentences into English on a separate sheet.

1 Actuellement, la planète et les animaux sont menacés par la pollution.
2 Pour aider, il est important de réduire l'utilisation d'énergie comme le gaz.
3 Les ressources naturelles doivent être protégées.
4 Nous pouvons travailler ensemble pour sauver notre monde.
5 Personne ne doit oublier que notre Terre est vivante et qu'il est important de la protéger.

3 Des grands gestes
F Using the present and perfect tenses

Module 6
Student Book pp. 140–141

1 Complete the French translations using a word from the box. There are more words than gaps.

1 We must work together. – Il faut .... ensemble.

2 We must stop global warming. – Il faut .... le réchauffement de la planète.

3 We must be a volunteer for green projects. – Il faut .... bénévole pour des projets verts.

4 We must participate in demonstrations. – Il faut .... aux manifestations.

5 We must vote for a government that protects the planet. – Il faut .... pour un gouvernement qui protège la planète.

6 We must create new technologies. – Il faut .... de nouvelles technologies.

être
créer
voter
arrêter
écrire
travailler
participer

The perfect tense has two parts: the auxiliary verb (part of *avoir* or *être*) and a past participle. Remember that some past participles are irregular.

	present	perfect
regular -er verbs, e.g. *polluer* (to pollute)	je pollue	j'ai pollué
écrire (to write)	j'écris	j'ai écrit
être (to be)	je suis	j'ai été
aller (to go)	je vais	je suis allé(e)

2 Are these sentences in the present or perfect tense?

1 Il a écrit un blog sur l'environnement. ....

2 Ma mère a arrêté d'acheter du plastique. ....

3 On fait des recherches sur l'énergie verte. ....

4 Je suis allée à une manifestation pour protéger notre planète. ....

5 J'ai encouragé les autres à être bénévoles. ....

3 Circle the deliberate mistakes in the perfect tense. Then rewrite the words correctly.

1 J'ai participer à une manifestation avec mes amis. *J'ai participé*

2 Il a trouvé une solution d'arrêter la moitié des accidents dans les rues. ....

3 J'ai allé au Canada pour protéger les plages. ....

4 Est-ce que tu a organisé un événement? ....

5 Elle a écrire tellement d'e-mails sur la menace de la pollution. ....

4 Translate these sentences into English on a separate sheet.

1 Le réchauffement de la planète est un problème pour notre génération et notre société.

2 Les organisations vertes sont aussi importantes que le recyclage.

3 J'ai rencontré de nouveaux amis à une manifestation contre la faim.

4 Je crois qu'il faut répondre à cette crise; ce n'est pas impossible!

5 Je suis allé au Maroc pour participer à un projet vert.

3 Des grands gestes
H Using the *nous*-form imperative

Module 6
Student Book pp. 140–141

H 1 Complete the sentences with words from the box.

1 Il faut encourager un débat démocratique sur les solutions ....
2 Il faut allumer les lumières seulement quand c'est ....
3 Il faut utiliser des chiffres précis quand on parle du changement ....
4 Il faut comprendre le contexte actuel pour choisir les bonnes ....
5 Il faut encourager les recherches sur les effets de la pollution sur la ....
6 Il faut avoir une passion pour l'évolution, le monde vivant et ....
7 Il faut participer à des manifestations et défendre le traitement des ....
8 Il faut être porte-parole pour défendre les droits des ....

planète
animaux
actions
humains
possibles
climatique
l'environnement
nécessaire

> The *nous*-form imperative is translated as 'let's' in English:
> *Travaillons…!* Let's work…!
> *Manifestons…!* Let's demonstrate…!
> It is formed using the *nous* form of the verb in the present tense.
> The verb *être* is irregular: *Soyons…!* Let's be …! **G**

H 2 Complete each sentence with the *nous*-form imperative of the verb in brackets.

1 .... aux arguments pour protéger l'environnement. (*contribuer*)
2 .... pour la protection de la planète. (*manifester*)
3 .... aux besoins de l'économie en même temps si on peut. (*répondre*)
4 .... des solutions vertes pour les générations du futur. (*inventer*)
5 .... les ressources naturelles dès maintenant. (*protéger*)
6 .... la qualité de l'air pour améliorer notre santé. (*augmenter*)
7 .... l'énergie verte, le vent ou les vagues par exemple. (*utiliser*)

H 3 Complete the text with the *nous*-form imperative of the verbs from the box.

1 .... cet attentat sur notre planète. Ce n'est pas une blague!
2 .... des solutions pour produire de l'énergie verte. 3 .... avec des organisations qui protègent la nature. 4 .... notre utilisation d'énergie! C'est un fait qu'il y a une crise! 5 .... à des projets qui aident notre Terre. Les élections aussi peuvent changer la situation.

inventer
participer
travailler
réduire
arrêter

4 Translate these sentences into French on a separate sheet.

1 To protect the environment, we must work together.
2 Let's use less energy and recycle plastic!
3 We need to find solutions, for example, green energy.
4 My friend, Luc, has always been interested in the natural world.
5 He organised a protest to protect the planet; nothing stops Luc!

4 Des petits gestes
Using the imperfect tense

1 Complete the sentences with the correct noun from the box.

> bain   poubelle   sacs   transports   viande   boîtes   déchets   voiture

1. Je prends les .... publics.
2. Je ne mange pas de ....
3. Je recycle les ....
4. Je n'utilise pas de .... en plastique.
5. Je vais en ville à vélo et non pas en ....
6. Je sépare les ....
7. Je ne prends pas de .... très souvent.
8. Je ne jette pas de plastique à la ....

2 Draw lines to match up the sentence halves.

1. On va au collège à …
2. J'achète les fruits et …
3. Je protège l'environnement en prenant …
4. Je fais ce que je peux en séparant …
5. J'aide l'environnement …
6. Je lui pose la question: comment …

a. … légumes au marché.
b. … le papier et les boîtes.
c. … peut-on sauver les animaux, y compris les …
d. … pied au lieu de conduire.
e. … un bus seulement de temps en temps.
f. … en étant végétarienne.

> **H** Use *en* and the present participle to say 'by' doing something. Use the *nous* part of the present tense, remove -*ons* and add -*ant*.

> **G** The imperfect tense is used to talk about what happened in the past over a period of time (what used to happen). To form it, remove the -*ons* from the *nous*-form of the verb in the present tense and add the following endings:
> *aller*: to go (stem *all-*)
>
> | j'allais | **H** nous allions |
> | tu allais | **H** vous alliez |
> | il/elle/on allait | **H** ils/elles allaient |
>
> The verb *être* has the stem *ét-*: c'*était* it was.

3 Rewrite each sentence putting the words into the correct order.

1. pas   ne   viande   mangeais   de   Je   végétarien   j'étais
   ....
2. j'étais   au   Quand   collège   à   j'allais   vélo   jeune
   ....
3. déchets   mère   séparait   Ma   les
   ....
4. les   que   en   recyclais   Est-ce   plastique   ?   tu   sacs
   ....
5. trop   dans   Il y avait   la   pollution   ville   de
   ....

104   AQA GCSE French © Pearson Education Limited 2025

Module 6
Student Book pp. 142–143

4 Complete the sentences, putting the verbs in brackets into the imperfect tense.

1 Quand j'étais jeune, j'................... en vacances en train; voler, c'est pire pour l'environnement. *(aller)*

2 Mon frère .... des produits pour protéger l'environnement; c'est un expert. *(fabriquer)*

3 Ma mère .... présente à chaque révolution de la technologie. *(être)*

H 4 Au collège, je ne .... pas le papier. *(recycler)*

H 5 Elle sait qu'elle ne .... pas assez pour sauver la planète. *(faire)*

H 5 Circle the correct form of the imperfect tense to complete each sentence.

1 Quand j'étais jeune, j' **avait / avais / avions** honte de ne pas recycler, mais maintenant je recycle le plastique et le papier.

2 Nous n'**allions / allais / allaient** jamais au travail en voiture; nous prenions les transports en commun pour réduire la distance faite en voiture.

3 Dans le passé, je **participait / participais / participions** à des manifestations contre la pollution.

4 Ils **laissais / laissions / laissaient** souvent de l'information sur le recyclage dans les lieux publics.

5 Je **croyait / croyais / croyaient** que chaque petite chose peut aider la situation mondiale, même à petite échelle.

6 Nous nous **battaient / battions / battais** pour des règlements plus stricts sur la limite des émissions.

F 6 Translate these sentences into French.

1 To protect the environment, I use public transport.

....

2 When I was young, I didn't use to recycle plastic.

> Some sentences are in the imperfect tense.

....

3 My mother used to buy recycled products.

....

4 I go to town by bike; driving is worse for the environment.

> Use the infinitive.

....

5 What do you do to help the situation?

....

H 7 Translate these sentences into English on a separate sheet.

1 Ce qui concerne l'environnement nous concerne tous.

2 Quand j'étais jeune, je pensais souvent à mes actions en réfléchissant à l'environnement.

3 Nous aidions les problèmes mondiaux en mangeant moins de viande et en faisant des actions utiles.

4 Nous recyclions le papier chaque semaine, parce que ça réduit les déchets.

5 Il faut aider les consommateurs à choisir les produits verts.

5 Innovation verte

F Using the present, perfect, imperfect and near future tenses

Module 6
Student Book pp. 144–145

1 Translate these words into French.

1 pollution ....
2 recycling ....
3 solution ....
4 problem ....
5 future ....
6 possibility ....
7 project ....
8 research ....

> Don't forget the definite articles (le/la/l'/les).

tense	used to talk about	example
present	what is happening now and what we usually do	Il joue au football.
perfect	single, completed actions in the past	Il est allé en ville.
imperfect	what something used to be like or what we used to do	Elle ne recyclait pas.
near future	what is going to happen in the future	Je vais prendre le train.

2 Are the underlined words in the present, perfect, imperfect or near future?

1 J'<u>ai écrit</u> un blog pour lutter contre les informations fausses sur le recyclage. ....
2 Il ne <u>participait</u> pas aux projets verts; c'<u>était</u> un choix moral. ....
3 J'<u>organise</u> un événement pour discuter encore de la crise, est-ce que <u>tu es</u> libre? ....
4 Mon père pense qu'il <u>va aller</u> en ville petite en voiture. Il a tort! ....
5 Il ne <u>croit</u> pas que le réchauffement de la planète augmente le niveau de la mer; ça c'est faux. ....
6 Elle <u>va</u> au collège, à vélo, ou en <u>court</u>. ....

3 Rewrite each sentence, putting the words into the correct order. Use the tense to help you.

1 (nouvelles technologies) (métier) (rechercher) (les) (Leur) (est de)   (present tense)

....

2 (l'environnement) (une lettre) (vais) (Je) (sur) (écrire)   (near future tense)

....

3 (a participé) (à) (Elle) (au téléphone) (une conversation)   (perfect tense)

....

4 (ne) (de) (collège) (ma sœur) (Au) (mangeait) (pas)   (imperfect tense)

....

4 Translate these sentences into English on a separate sheet.

1 Je vais organiser un projet vert pour protéger la Terre.
2 La pollution tue les animaux et c'est la cause du réchauffement de la planète.
3 Au collège, mon grand-père ne recyclait rien; sa fille, par contre, recyclait tout!
4 Je ne mange jamais de viande; c'est mieux pour l'environnement.
5 Le résultat de nos efforts va être une planète plus saine.

5 Innovation verte

H Using *être en train de* and *venir de*

Module 6
Student Book pp. 144–145

1 Complete the sentences with a word from the box.

> majorité   époque   plutôt   taux

1 À notre ...., il y a de nouvelles technologies qui aident à lutter contre la pollution.
2 Le .... de recyclage a augmenté.
3 Nous devons .... utiliser des produits qui ne sont pas en plastique.
4 Heureusement, la .... des gens comprend l'importance de réduire les déchets.

> **H** To say what you are in the middle of doing, use the present tense of *être en train de* + an infinitive.
> *Je suis en train de développer les énergies vertes.*   I am in the middle of developing green energies.
>
> To say what you have just done, use the present tense of *venir de* + an infinitive.
> *Je viens de signer l'accord.*   I have just signed the agreement.

2 On a separate sheet, write full sentences using *être en train de* and *venir de*.

1 participer à une manifestation (*she / has just*) *Elle vient de participer à une manifestation.*
2 rechercher les nouvelles technologies (*we / in the middle of*)
3 développer les technologies vertes (*I / in the middle of*)
4 participer à une manifestation contre la pollution (*they / have just*)
5 inventer de nouveaux transports verts (*he / in the middle of*)

3 Complete the text with the correct word or phrase from the box.

> en train de   plastique   inventer   améliorer   l'humanité   ensemble   rechercher   réduire

Souvent, **1**................ a l'air de ne pas être intéressée par la crise du climat. Il faut travailler **2**................ pour protéger la Terre. Par exemple, nous devons **3**................ l'utilisation du **4**................ pour aider la planète. On est en train de **5**................ des solutions pour **6**................ les transports en commun. Les entreprises sont **7**................ développer des produits qui sont mieux pour l'environnement. Ils viennent d'**8**................ une nouvelle voiture verte.

4 Translate these sentences into French on a separate sheet.

1 In my opinion, we need to organise protests against pollution.
2 We are in the middle of developing new technologies to improve green transport.
3 I know that they have just researched new technologies for cars, for example.
4 There are lots of ideas that can help us in the future.
5 Let's work together to save the planet.

Glossary

bold = this word will appear in Higher exams only

accord (m)	agreement
actuel	current (m)
air (m)	air, appearance
allumer	(to) turn on / turning on
animal (m)	animal, pet
animaux (mpl)	animals, pets
argument (m)	argument
arme (m)	weapon, arms
arrêter (de + infinitive)	(to) stop (+ verb) / stopping (+ verb)
attentat (m)	attack, assassination attempt
augmenter; s'augmenter	(to) increase, raise / increasing, raising; (to) grow, expand / growing, expanding
aussi … que/qu'	as … as
ayant	having
bain (m)	bath, bathing
bataille (f)	battle
battre; se battre	(to) beat, hit / beating, hitting; (to) fight, fighting
bénévole (m, f)	volunteer
blague (f)	joke
boîte (f)	box
brouillard (m)	fog, haze
cause (f)	cause
causer	(to) cause / causing
chacun	each person
changement (m)	change
chiffre (m)	figure, number
circulation (f)	traffic
citoyen (m)	citizen
climat (m)	climate
commun	common (m, f)
complètement	completely

concerner	(to) affect, concern, relate to / affecting, concerning, relating to
conduire	(to) drive / driving
conflit (m)	conflict
connaître	(to) know, be familiar with / knowing, being familiar with
consommateur (m)	consumer, customer
contexte (m)	context
contre	against
contribuer	(to) contribute / contributing
coopération (f)	cooperation
court	(she, he, it, one) runs / is running / (we (informal, impersonal)) run / are running
créer	(to) create / creating
crise (f)	crisis
crois; crois!	(I) believe / am believing / (you (sing informal)) believe / are believing; believe! (sing informal)
croit	(she, he, it, one) believes / is believing / (we (informal, impersonal)) believe / are believing
danger (m)	danger
débat (m)	debate
déchets (m)	rubbish
défendre	(to) defend, stand up for, forbid / defending, standing up for, forbidding
démocratique	democratic (m, f)

108 AQA GCSE French © Pearson Education Limited 2025

Module 6: Glossary

démontrer	(to) demonstrate / demonstrating
dès	from, as soon as
destruction (f)	destruction
détruire	(to) destroy / destroying
développer	(to) develop / developing
diminuer	(to) lower, decrease / lowering, decreasing
disparaître	(to) disappear / disappearing
distance (f)	distance
distribuer	(to) hand out, give out / handing out, giving out
document (m)	document
doute (m)	doubt
échelle (f)	ladder, scale
économie (f)	economy
effet (m)	effect
efficace	efficient, effective (m, f)
élection (f)	election
en plus	in addition, also
encore	yet, again
encourager (à + infinitive)	(to) encourage (+ verb) / encouraging (+ verb)
énergie (f)	energy
ensemble	together
environnement (m)	environment
époque (f)	era, period, time
espèce (f)	species
étant	being
(aux) été	was / (have, has) been
être en train de + infinitive	(to) be in the middle of + verb / being in the middle of + verb
évolution (f)	evolution
expert (m)	expert
fabriquer	(to) manufacture, produce, make / manufacturing, producing, making
faisant; faisant de	doing, making
fait (m)	fact
fausse	false (f)
faute (f)	mistake, error, fault
faux	false (m)
fleur (f)	flower
forêt (f)	forest
futur (m)	future
gaz (m)	gas
génération (f)	generation
global	global (m)
gouvernement (m)	government
guerre (f)	war
haut	high (m)
honte (f)	shame
humain (m)	human
humanité (f)	humanity
ici	here
il y a	there is/are
il y (en) a	there is/are (of them (m, f))
il y avait	there was/were / used to be
il y (en) avait	there was/were (of them (m, f)) / there used to be (of it/them (m, f))
il y aura	there is/are going to be / there will be
il y (en) aura	there is/are going to be (of it (m, f)) / there will be (of it / them (m, f)
impossible	impossible (m, f)
inquiétant	worrying, disturbing (m)

AQA GCSE French © Pearson Education Limited 2025 109

Module 6: Glossary

inventer	(to) invent, make up / inventing, making up
jeter	(to) throw / throwing
là	there, here
lac (m)	lake
laisser	(to) leave, let / leaving, letting
lancer	(to) throw, launch / throwing, launching
leur	their (m, f)
leurs	their (pl)
libre	free (m)
lieu (m)	place
limite (f)	limit
lui; (à) lui	to him, to her, to it (m, f) (indirect obj); to him, to her, to it (m, f) (emph)
lutte (f)	struggle, fight, conflict
lutter	(to) fight, struggle / fighting, struggling
majorité (f)	majority
manifestation (f)	demonstration, event
manifester	(to) protest, demonstrate / protesting, demonstrating
mauvais	bad, wrong (m)
menace (f)	threat
menacer (de + infinitive)	(to) threaten (+ verb) / threatening (+ verb)
métier (m)	job, occupation
mètre (m)	metre
moitié (f)	half
monde (m)	world
mondial	worldwide, global (m)
moral	moral (m)
moyen (m)	means, way

naturel	natural (m)
neige (f)	snow
niveau (m)	level
nombre (m)	number
nucléaire	nuclear (m, f)
oiseau (m)	bird
organisation (f)	organisation
papier (m)	paper
participer à + noun	(to) take part in + noun, participate in + noun / taking part in + noun, participating in + noun
passion (f)	passion
personne	nobody (subject)
personne (f)	person
pire(s)	worse, worst (m, f) (pl)
pis	worse, less well
placer; se placer	(to) put, place / putting, placing; (to) position yourself / positioning yourself
planète (f)	planet
plante (f)	plant
plastique (m)	plastic
plutôt	rather
polluer	(to) pollute / polluting
pollution (f)	pollution
population (f)	population
porte-parole (m, f)	spokesperson, spokeswoman, spokesman
poser	(to) put, ask / putting, asking
poubelle (f)	rubbish bin
pratiquer	(to) do, play, practise (a language) / doing, playing, practising (a language)
présent (m)	present

Module 6: Glossary

préserver	(to) preserve, protect / preserving, protecting
problème (m)	problem
production (f)	production
produire	(to) produce, make / producing, making
protection (f)	protection
protéger	(to) protect / protecting
puissance (f)	power
qualité (f)	quality
quantité (f)	quantity
rapide	fast, quick (m, f)
réagir	(to) react / reacting
réchauffement (m)	warming
recherche (f)	research, search
rechercher	(to) look for, collect / looking for, collecting
recyclage (m)	recycling
recycler	(to) recycle / recycling
réduire	(to) reduce / reducing
région (f)	region, area
remplacer (par + noun)	(to) replace (with + noun) / replacing (with + noun)
répondre (à + noun)	(to) answer (+ noun), reply to (+ noun) / answering (+ noun), replying to (+ noun)
ressource (f)	resource
résultat (m)	result, follow-up
révolution (f)	revolution
richesse (f)	wealth
sa	his, her, its (f)
sac (m)	bag, sack
saison (f)	season
sait	(she, he, it, one) knows (how to), can / (we (informal, impersonal)) know (how to), can
sauver; se sauver	(to) rescue, save / rescuing, saving; (to) escape, get away / escaping, getting away
séparer; se séparer	(to) separate / separating; (to) break up / breaking up
situation (f)	situation
société (f)	society
sujet (m)	subject, topic
taux (m)	rate
téléphone (m)	telephone
tellement	so much
temps (m)	time, weather
terre (f)	earth, world, soil, land
terrible	terrible, dreadful (m)
thème (m)	theme, topic
tort (m)	wrong
toucher	(to) touch / touching
tragédie (f)	tragedy
traitement (m)	treatment
transport (m)	transportation
tuer	(to) kill / killing
unir	(to) unite, join / uniting, joining
utilisation (f)	use
vague (f)	wave
véhicule (m)	vehicle
venir de + infinitive	(to) have just + pp
vers	towards
vite	quickly, fast
vivant	alive, living (m)
voici	here is
voler (à …)	(to) fly, steal (from someone) / flying, stealing (from someone)

AQA GCSE French © Pearson Education Limited 2025

Zone de culture C'est combien?
Using demonstrative adjectives (ce, cet, cette, ces)

1 Translate these words into French using the words in the box.

> le jardin   la table   la chambre   l'appartement   l'entrée   le mur
> la cuisine   la clé   la porte   la pièce

1 apartment ....
2 room ....
3 table ....
4 wall ....
5 door ....
6 kitchen ....
7 bedroom ....
8 key ....
9 garden ....
10 entrance ....

2 Circle the correct word to complete each sentence.

1 Il est certain que mon appartement est très **beau / notre**.
2 D'habitude on va aux magasins **après / déjà** l'école.
3 Le quartier était assez **moderne / récemment**.
4 Je vais **porter / boire** un manteau à la fête. [H]
5 Je voudrais **construire / tromper** de nouveaux bâtiments. [H]
6 Il y avait **exactement / de nombreux** voitures partout. [H]

> The demonstrative adjective 'this' varies in French according to gender.
> masculine singular   ce ⟶ ce chapeau   this hat
> feminine singular   cette ⟶ cette robe   this dress
> plural   ces ⟶ ces baskets   these trainers
> Before a masculine noun that starts with a vowel or a mute 'h', you use **cet**.

3 Write the correct demonstrative adjective (ce, cet, cette or ces).

1 .... parc
2 .... chance
3 .... adresse
4 .... tableau
5 .... endroit
6 .... usines
7 .... villes
8 .... couleur
9 .... hôpital

4 Complete the missing words in these parallel translations.

1	Tu vas .... ce pantalon?	Are you going to buy ....?
2	Ensuite nous allons à .... café?	Then are we .... to this ....?
3	Cette question .... longue.	.... question is a bit ....
4	.... connais très bien .... paroles.	I .... these lyrics very well.
5	Mon père .... dans .... bibliothèque.	.... used to work in this ....
6	.... est-ce que tu ne veux pas livrer .... cadeaux?	Why don't you want to .... these presents?	[H]

112 AQA GCSE French © Pearson Education Limited 2025

Module 7
Student Book pp. 158–159

5 Circle the deliberate grammatical mistake in each sentence. Then write out the corrected word.

1 Est-ce que tu mets cet pantalon? ....
2 Cette nouveau maison est près des hôpitaux. ....
3 Il y est un manque de transports en commun. ....
4 Ces roman n'est pas du tout intéressant. ....
5 Je ne veut pas participer à ce concours. ....

6 Translate these sentences into English.

1 Certains pensent que je vais acheter cette voiture.
....
2 Je n'ai pas assez d'argent sur moi.
....
3 Il n'y a pas de cuisine dans cet appartement.
....
4 Qu'est-ce que tu vas porter à la fête?
....
5 Il y avait un petit jardin derrière la maison.
....

7 Translate these sentences into French.

1 What do you think of the house?
....
2 This house is adapted for disabled people, however unfortunately there isn't a garden outside.
....
3 In my opinion, it isn't too expensive.
....

Use à côté.

4 The neighbours are very nice, and there is an underground station just next door.
....
5 I would like to show you this apartment – it's particularly surprising.
....

1 Là où j'habite
F Using indefinite adjectives *chaque, tous, tout(e)(s)*

Module 7
Student Book pp. 160–161

1 Draw lines to match up the French words and phrases with their English translations.

1. j'habite
2. à la campagne
3. faire les courses
4. dans une ville
5. tout le temps
6. le sud
7. je voudrais
8. de vieux bâtiments

a I would like
b to go food shopping
c in a town
d in the countryside
e I live
f old buildings
g the south
h all the time

> **G** Indefinite adjectives talk about people or things in a general way, without being specific:
>
> | chaque | each, every |
> | tout/toute/tous/toutes | all, the whole, every |
>
> They need to agree with the noun in number and gender, just like all adjectives.

2 Complete the sentences with *tout, toute, tous* or *toutes*.

1. Je pense que .... les supermarchés sont fermés le dimanche.
2. .... ma famille aime habiter à Paris.
3. .... les possibilités sont intéressantes.
4. En général, elle passe .... la journée à la plage.
5. Je sors avec mes copains .... le ....
6. Je voudrais voir .... les beaux musées de France.

> ⭐ There are different words for 'in' depending on the context:
> **dans** + point of compass — **dans** l'ouest
> **à** + name of town/village — **à** Londres
> **en** + feminine country — **en** France
> **au** + masculine country — **au** Canada

3 Rewrite each sentence on a separate sheet, putting the words into the correct order.

1. au vieux | Tous | vont | mes amis | château

   Tous mes amis ....

2. tous | est | agréable | .... | les jours
3. sont | .... dames | ...... | Toutes | petites
4. influenceur | Tout | ...ut | le monde | être | dans cette classe
5. ... cour... | Je | chaque | centre-ville | fais | jour | au

4 Translate these sentences into French.

1. I live in England with all my dogs. ....
2. It is situated in the north of France. ....
3. There are lots of little streets. ....
4. My whole family lives in this village. ....
5. One day, I would like to live in Paris. ....

1 Là où j'habite
Using the pronoun y

Module 7
Student Book pp. 160–161

1 Separate and write out the French translations next to the correct English infinitive verbs.

recevoirnagerremarqueradapterimaginermourirtournerdésirerdirigerappartenirvivretransformer

1 to adapt ....
2 to swim ....
3 to imagine ....
4 to belong ....
5 to direct ....
6 to notice ....
7 to desire ....
8 to transform ....
9 to turn ....
10 to receive ....
11 to die ....
12 to live ....

> The pronoun **y** means 'there'. It replaces à + a noun, and goes in front of the verb:
> *J'**y** habite avec ma famille.*   I live **there** with my family.
> If the verb is followed by an infinitive, y goes in front of the infinitive:
> *On peut **y** voir un vieux pont.*   You can see an old bridge **there**.
> In the perfect tense, y goes in front of the auxiliary verb:
> *J'**y** suis allé(e) avec ma famille.*   I went **there** with my family.

2 Rewrite these sentences on a separate sheet, replacing the underlined words with y.

1 Il vit <u>à Paris</u> depuis deux ans.
2 Elle est allée <u>à la gare</u> avec quelqu'un.
3 J'aimerais mieux habiter <u>en ville</u>.
4 Ils sont restés <u>à la maison</u> toute la journée.
5 On peut voir des arbres <u>à la campagne</u>.
6 Je ne veux plus aller <u>en France</u>.

> Use **depuis** with the present tense in French to say how long you have been doing something for:
> *J'y habite **depuis** cinq mois.*   I have been living there for five months.
> *Nous vivons ici **depuis** 2020.*   We have lived here since 2020.

3 Use words from the grid to translate the sentences into French. Use some words more than once.

1 There used to be lots of fields ....
2 I would prefer to live there ....
3 How long have you lived there? ....
4 The 5G network is not good there. ....

combien	beaucoup	habites	habiter	mieux	est
n'	tu	le réseau	il	5G	avait
de temps	j'aimerais	y	de champs	depuis	pas bon

4 Translate these sentences into English on a separate sheet.

1 J'habite dans une province du Canada depuis sept ans.
2 Dans ma ville, il y a beaucoup de choses à faire pour les touristes, par exemple visiter les belles maisons traditionnelles.
3 Vivre en ville est absolument parfait pour moi car je suis une personne très active.
4 Pourtant, il y a parfois trop de bruit pour moi, surtout la nuit.
5 Rien ne peut l'arrêter et nous devons dormir avec toutes les fenêtres fermées.

AQA GCSE French © Pearson Education Limited 2025   **115**

2 Sur la bonne route
Using *à* and *de* with the definite article

1 Draw lines to match up the French sentences with their English translations.

1. Allez tout droit.
2. Prenez la première rue à gauche.
3. Traversez le pont.
4. Prenez la deuxième rue à droite.
5. Tournez à gauche.
6. On doit aller dans quelle direction?

a. Take the second street on the right.
b. Turn left.
c. Take the first street on the left.
d. Go straight on.
e. Which direction should we go?
f. Cross the bridge.

2 Translate the underlined words and phrases into English.

1. La boulangerie est <u>à côté du</u> marché. ....
2. La poste se trouve <u>entre</u> le musée et le cinéma. ....
3. L'arrêt de bus est <u>près de</u> l'hôpital. ....
4. La frontière est <u>à 5 kilomètres d'ici</u>. ....

The prepositions *à* and *de* merge with *le* and *les* to form new words.

	le	la	l'	les
à	pour aller ... **au** p...	**à la** g...e?	**à l'**hôpital?	**aux** magasins?
de	à côté de	**du** mus...e	**de la** p...	**de l'** hôtel	**des** toilettes

3 Complete the sentences with *au*, *à la*, *à l'* or *aux*.

1. Pour aller .... banque?
2. Je vais .... magasin pour acheter un cadeau.
3. Il faut continuer tout droit .... jardins publics.
4. Comment est ta chambre .... hôtel?
5. J'ai pris le bus pour aller .... fête.
6. Elle ne veut pas vendre ses fruits .... marché.

4 Complete the sentences with *du*, *de la*, *de l'* or *des*.

1. Il y a un cinéma à côté .... gare.
2. J'ai vu mes parents près .... supermarché.
3. Notre maison est au numéro 4, à côté .... magasins.
4. Je ne voudrais jamais habiter près .... hôpital.
5. Le feu était loin .... place centrale.
6. Le pantalon .... marque que j'adore est en vente.

Module 7
Student Book pp. 162–163

5 Complete the missing words in these parallel translations.

1	Elle .... veut .... habiter .... collège.	.... no longer wants to live far from school.
2	Tu iras au café .... le cinéma?	Will you go to the .... behind the ....?
3	On peut .... des pierres sales	You can find dirty stones on the beach.
4	Je dois acheter un nouveau chapeau .... magasin.	I have .... at the shop.
5	C'est .... bonne route pour aller .... capitale?	Is this the .... to get to the capital city?
6	C'est .... la plus proche, selon toi?	It's the .... house, according to ....?

6 Translate these sentences into English.

1 Il y a beaucoup de magasins au centre-ville.

   ....

2 Malheureusement ce n'est jamais calme.

   ....

3 Prenez la troisième rue à gauche.

   ....

4 La poste est derrière le cinéma.

   ....

5 Notre maison était loin du collège.

   ....

7 Translate these sentences into French on a separate sheet.

1 Unfortunately there is nothing for young people in my village: nobody likes living here! *(Use personne n'.)*

2 On one hand, the countryside is beautiful and it's always quiet.

3 However, on the other hand, it's very boring for young people, especially at the weekend.

4 Last month, it was my little brother's birthday, so we had to take the bus to go to the town centre. *(Take care with word order. Use devoir in the perfect tense.)*

5 We decided to go to the swimming pool as it was cold weather. *(Use puisque.)*

AQA GCSE French © Pearson Education Limited 2025

3 Mode et shopping
Using *de* to indicate possession

1 Unjumble the letters to rewrite the French translations of the adjectives.

1 perfect – paitarf ....
2 expensive – herc ....
3 long – goln ....
4 same – êemm ....
5 rich – ichre ....
6 empty – dive ....
7 awful – ffauxer ....
8 public – libpuc ....

2 Draw lines to match up the French questions with their English translations.

1 Qu'est-ce que vous cherchez?
2 Ça coûte combien?
3 Quel est le problème?
4 Je peux l'essayer?
5 Je peux payer par carte?
[H] 6 Ceci est pour vous?
[H] 7 Je veux rendre ce pantalon.
[H] 8 Il n'y a pas de poches.
[H] 9 Qu'est-ce que tu en penses?

a What is the problem?
b Can I pay by card?
c What are you looking for?
d Can I try it on?
e Is this for you?
f I would like to return these trousers.
g What do you think of this?
h There are no pockets.
i How much does it cost?

3 Rewrite each sentence, putting the words into the correct order.

1 chapeau vous ce ? aimez

Vous aimez ....

2 moi malheureusement c'est pour trop petit

....

3 noir il la ch...e ... m... même

....

4 ...nte mon pantalon a nouveau euros coûté

....

> In English, an apostrophe is used to indicate possession:
> my best friend's birthday; my brother's car
>
> In French, you use **de** (of):
> *l'anniversaire **de** ma meilleure amie* ('the birthday of my best friend')
> *la voiture **de** mon frère* ('the car of my brother')

Module 7
Student Book pp. 164–165

4 Read the English sentences, then choose the words you need from the grid to translate them into French. Write the words in the correct order. Use some boxes more than once.

1 my aunt's fashion ....
2 our dog's corner ....
3 my father's dream ....
4 our dog's name ....
5 my father's black trousers ....
6 my cousins' accommodation ....

| le pantalon | mes cousins | noir | mon père | ma tante | la mode |
| le coin | le rêve | de | le logement | le nom | notre chien |

H 5 Circle the deliberate mistake in each sentence. Then write out the correct word.

1 Je n'ai acheter aucun pantalon pour la fête ce week-end. ....
2 Je peut les essayer s'il vous plaît? ....
3 Je le porteras samedi prochain avec le pantalon de mon père. ....
4 Je leur ai donné beaucoup de fruits rouge. ....
5 J'ai souri quand j'ai vu le chien des mes parents. ....
6 Ta nouvelle voiture verte est trop beau. ....

F 6 Translate these sentences into French.

1 I bought these black trousers yesterday. ....
2 Do you like this blue car? ....
3 I found it in a fashion shop. ....
4 It was my little brother's birthday. ....
5 I am going to wear it next weekend. ....

H 7 Translate these sentences into English.

1 Dimanche dernier, je suis allé au centre commercial avec des amis.
....

2 Même mon meilleur ami, qui n'aime pas du tout faire les magasins, est venu; j'étais très fier de lui!
....

3 Les magasins étaient pleins de jeunes qui cherchaient de nouveaux vêtements.
....

4 J'ai dû trouver un cadeau pour l'anniversaire de ma sœur; j'en ai finalement acheté beaucoup pour elle.
....

5 C'était une journée très chère mais je ne le regrette pas!
....

4 La maison de mes rêves
Adjectives with different meanings • Using *si* clauses

1 Translate these adjectives into English.

1 grand ....
2 petit ....
3 vieux ....
4 nouveau ....
5 joli ....
6 beau ....

> These adjectives all go before the noun (unlike most other adjectives which go after the noun).

2 Complete each sentence using a word from the box.

| personnes   voudrait   belle   maison   avec   appartement |

1 Je voudrais ma propre .... avec un jardin.
2 Elle voudrait un .... avec beaucoup d'espace pour mettre ses affaires.
3 Une .... cuisine a beaucoup d'importance pour mes parents.
H 4 Le mieux serait une maison adaptée pour les .... handicapées.
H 5 Il .... une maison avec une piscine, ce qui est assez rare.
H 6 Un jardin .... des chemins étroits serait impossible pour moi.

> Some adjectives have a different meaning before and after the noun.
> une chambre propre — a clean bedroom
> ma propre chambre — my own bedroom
> un abri cher — an expensive shelter
> un cher oncle — a dear uncle
> **H** une maison ancienne — an ancient house
> **H** une ancienne amie — a former friend

3 Translate the underlined words and phrases into English.

1 Je vais mettre <u>mes propres tableaux</u> sur les murs de ma maison. ....
2 C'est <u>un passe-temps très cher</u>. ....
3 <u>Sa chère tante</u> le connaît très bien. ....
4 <u>Un autobus ancien</u> est un grand avantage. ....
5 Je ne veux pas acheter <u>une maison chère</u>. ....
H 6 <u>Un sol propre</u> est très important pour lui. ....

> You can use *si* ('if') with a verb in the imperfect tense, followed by a verb in the <u>conditional</u>, to express dreams and wishes.
> *Si j'étais riche, <u>je voudrais</u> avoir une grande maison.*
> If I were rich, I would like to have a big house.
>
> **H** *Si j'avais de la chance, j'habiterais dans un endroit calme.*
> **H** If I were lucky, I would live in a quiet place.

Module 7
Student Book pp. 166–167

4 Rewrite each sentence, putting the words into the correct order.

1. un beau jardin | j'étais riche | avoir | je voudrais | Si

   ....

2. j'étais riche | habiter | Si | au bord de la mer | je voudrais

   ....

H 3 riche | ma maison | un bois entier | dans | Si | le jardin | aurait | j'étais

   ....

H 4 chance | dans | j'avais | mon anniversaire | Si | un hôtel | de la | ch... | je célébrerais

   ....

H 5 Complete the sentences, putting the verbs in brackets into the conditional tense.

1. Si j'étais riche, j'................. peut-être une belle voiture rouge. *(avoir)*
2. S'il avait le choix, il .... dans un énorme château. *(habiter)*
3. Si nous étions riches, nous .... en avion. *(voyager)*
4. Si elles habitaient à Paris, elles .... au restaurant tous les soirs. *(manger)*
5. Si tu avais une voiture, tu n'................. au travail ni à pied ni à vélo? *(aller)*
6. Si j'avais beaucoup d'amis, la vie professionnelle .... pas très importante. *(être)*

F 6 Translate these sentences into English.

1. Je ne voudrais pas habiter dans une ville industrielle.

   ....

2. Elle rêve d'avoir un grand jardin avec beaucoup d'espace.

   ....

3. Penser au passé est ennuyeux pour tout le monde.

   ....

4. Si j'avais plus d'argent, je voudrais avoir mon propre appartement.

   ....

5. Si elle était riche, elle voudrait faire le tour du monde avec sa famille.

   ....

H 7 Translate these sentences into French on a separate sheet.

1. If I had the choice, I would live in a city.
2. I prefer to travel by train and it would be great to live two minutes from the station.

   Use à deux minutes de.

3. I would buy tickets to go to Paris every weekend!
4. In my apartment on the third floor, there would be beautiful lights and also lots of expensive books.
5. In my district, there would be little traffic and there wouldn't be any crime.

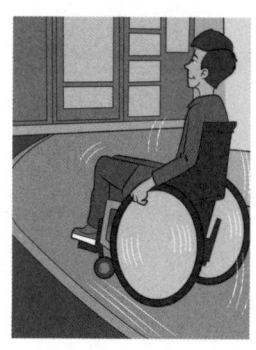

AQA GCSE French © Pearson Education Limited 2025   121

5 As-tu déjà visité Paris?

F Translating questions in different tenses

Module 7
Student Book pp. 168–169

1 Translate these words into French using the words from the box. Start with the easy ones and then make educated guesses for the remaining ones.

1 end ....
2 checkout/till ....
3 reason ....
4 owner ....
5 date ....

6 exit ....
7 truth ....
8 dialogue ....
9 meaning ....
10 return ....

> le propriétaire   la raison
> la vérité   la fin
> le retour   le dialogue
> la caisse   la date
> la sortie   le sens

> The simplest way to ask a question in any tense is to use *est-ce que ...?*
>
> *Est-ce que* tu es déjà allé(e) en Angleterre?   Have you ever been to England?
> Pourquoi *est-ce qu'*elle va souvent au centre sportif?   Why does she often go to the sports centre?
> Quand *est-ce qu'*on va aller au cinéma?   When are we going to go to the cinema?
>
> The following question words can be used with *est-ce que ...*
> Avec qui?   Comment?   Quand?   Où?   Pourquoi?

2 Complete each question with the appropriate question word(s). Use the answer to each question to help.

1 .... est-ce qu'il voudrait préparer ses examens?   Il voudrait préparer ses examens au lycée.
2 .... est-ce que tu as voyagé en Suisse?   J'ai voyagé en Suisse en train.
3 .... est-ce que vous voulez aller au Maroc?   Parce qu'il y a de belles plages.
4 .... est-ce que nous allons prendre l'avion?   Nous allons prendre l'avion à 17h30.
5 .... est-ce que tu veux visiter la Réunion?   Je veux visiter la Réunion avec mon frère.

3 Translate these *est-ce que* questions into French using words from the box.

1 Do you like travelling by train? *Est-ce que tu aimes voyager* ....
2 Why did she read this book? ....
3 When are we going to go to Paris? ....
4 Who would you like to dance with? ....

> on va aller
> tu voudrais
> danser
> ~~tu aimes voyager~~
> elle a lu

4 Translate these sentences into French.

> Remember to use the definite article with countries.

1 I would like to visit France one day. ....
2 I am going to travel by plane. ....
3 Have you ever been to Paris? ....
4 How do you like to travel? ....
5 If I had the money, I would like to visit Morocco. ....

122   AQA GCSE French © Pearson Education Limited 2025

5 As-tu déjà visité Paris?
H Spotting different tenses from verb endings

Module 7
Student Book pp. 168–169

H 1 Fill in the missing vowels in these French nouns.

1. law – la l__
2. gender – le s__x__
3. citizen – le c__t__y__n
4. loss – la p__rt__
5. street/way – la v__
6. century – le s__cl__
7. part – la p__rt__
8. past – le p__ss__
9. brand – la m__rq__
10. training – la f__rm__t__

> **H** To spot tenses, look at the verb endings:
> - Present tense regular verbs usually end in -e, -es, -e, -ons, -ez, -ent
>   *je joue, tu manges, vous allez*
> - Future tense verbs end in -ai, -as, -a, -ons, -ez, -ont
>   *je regarderai, il chantera, elles feront*
> - Conditional tense verbs end in -ais, -ais, -ait, -ions, -iez, -aient
>   *j'habiterais, tu irais, nous aurions*
> - Perfect tense verbs are usually avoir/être + past participle
>   *j'ai joué, elle a fait, ils sont allés, nous avons*

H 2 Which tense do these sentences use: present (Pr), future (F), conditional (C) or perfect (Pe)?

1. Est-ce qu'il contrôlera les directions? ☐
2. Le son serait tout simplement trop ___ pour moi. ☐
3. Il a fait quoi le week-end dernier? ☐
4. Il manque un film récent au festival. ☐
5. Voici les gens que tu voudrais voir. ☐
6. Je compte sur toi pour trouver le bon train. ☐
7. Ils essayeront de trouver une loi originale. ☐
8. Est-ce que tu as reçu la dernière partie du roman? ☐

H 3 Complete each sentence using words from the box. Put any infinitive verbs into the correct tense. You will need to use some words more than once.

| acheter | aimer | aller | avec qui | est-ce que | être | noter | où | pourquoi | est-ce qu' |

1. .... est-ce que les toilettes .... occupées? Parce qu'il y a trop de monde.
2. .... voyager à Paris avec nous? Non, il aimerait y aller tout seul.
3. .... est-ce que tu .... en Asie? J'irai en Asie avec mes amis.
4. .... est-ce qu'elles .... l'année dernière? Elles sont allées à la Réunion.
5. Comment .... j' .... les billets d'avion? Tu les achèterais en ligne.
6. .... tu .... tous les événements du passé? Non, je n'ai rien noté.

H 4 Translate these sentences into English on a separate sheet.

1. J'ai toujours voulu visiter Paris avec toi; est-ce que tu y es déjà allé?
2. Moi, je n'ai jamais voyagé à l'étranger jusqu'à présent.
3. À Paris, je ferais une sortie en bateau et j'aimerais voir le spectacle son et lumière à la tour Eiffel.
4. Comment est-ce qu'on voyagera en France?
5. Moi, je préfère prendre l'avion, mais je sais que cela peut être cher.

Glossary

bold = this word will appear in Higher exams only

à gauche	on the left
abri (m)	shelter
adapter; s'adapter	(to) adapt, adjust / adapting, adjusting; (to) get used to / getting used to
adresse (f)	address
affaires (fpl)	business, matters
affreux	dreadful, awful, horrible (m)
agréable	pleasant, nice, agreeable (m, f)
ancien	former, ancient (m)
anniversaire (m)	birthday
appartement (m)	apartment, flat
appartenir	(to) belong / belonging
arbre (m)	tree
arrêt (m)	stop
autobus/bus (m)	bus
avais	(I) had / used to have / was having / (you (sing. formal)) had / used to have / were having
banque (f)	bank
beau/bel	beautiful (m)
beaux	beautiful (mpl, mixed gender pl)
belle	beautiful (f)
bibliothèque (f)	library
bois (m)	wood
boulangerie (f)	bakery
cadeau (m)	present, gift
caisse (f)	checkout
capitale (f)	capital city
ceci	this
cela	that, it [formal]
célébrer	(to) celebrate / celebrating
central	central (m)

certain	certain, sure (m)
certains (mpl)	some people
ces	these, those
cette	this, that (f)
champ (m)	field, realm
chance (f)	luck
chapeau (m)	hat
chemin (m)	way, path
cher	expensive (m)
clé	key
coin (m)	corner
compter	(to) count / counting
concours (m)	entrance exam, competition
construire	(to) build, construct / building, constructing
contrôler	(to) check, inspect, control / checking, inspecting, controlling
couleur (f)	colour
course (f)	race, shopping
courses (fpl)	food shopping
crime (m)	crime
dame (f)	lady
date (f)	date
dehors	outside
déjà	already, yet
depuis	for, since
derrière	behind
désirer	(to) want, desire / wanting, desiring
devons	(we) have to, must
dialogue (m)	dialogue
direction (f)	direction, management
diriger; se diriger	(to) direct, guide / directing, guiding; (to) make one's way / making one's way

Module 7: Glossary

droit	right (m)
en	of it, about it (m, f) / of them, about them (m, f)
endroit (m)	place, spot
ensuite	next
entier	whole, full (m)
entre	between
entrée (f)	entrance, starter
espace (m)	space
étage (m)	floor
étroit	narrow, tight (m)
(aux) eu	had / (have, has) had
exactement	exactly
feu (m)	fire
fier	proud (m)
finalement	finally, eventually
formation (f)	training
frontière (f)	border
gare (f)	station, railway station
gauche	left (m, f)
habiter	(to) live (somewhere) / living (somewhere)
handicapé	disabled (m)
hôpital (m)	hospital
hôpitaux (m pl)	hospitals
il manque …	… is missing
imaginer	(to) invent, imagine / inventing, imagining
industriel	industrial (m)
influenceur (m)	influencer
iras	(you (sing informal)) will go / are going to go
jardin (m)	garden
journée (f)	day
jusque	to, up to, until
kilomètre (m)	kilometre
les	them (m, f) (obj)
leur	to them (m, f) (indirect obj)
livrer	(to) deliver / delivering
logement (m)	accommodation
loi (f)	law
loin	far
long	long (m)
(aux) lu	read / (have, has) read
lumière (f)	light
magasin (m)	shop
malheureusement	unfortunately
manque (m)	lack
manquer / manquer subject/object	(to) fail to catch, be missing, miss / failing to catch, being missing, missing; (to) miss / missing
manteau (m)	coat
marché (m)	market
marque (f)	brand, mark
même(s)	same (m, f) (pl)
même	even
métro (m)	underground, metro
(à) moi	to me (emph)
mode (f)	way, fashion
moderne	modern (m, f)
montrer	(to) show / showing
mourir	(to) die / dying
mur (m)	wall
musée (m)	museum
nager	(to) swim / swimming
ne … aucun(e)	no, not one, not any (m) (f)
ne … ni	neither … nor
ne … personne	not anyone, no one
ne … plus	not anymore, no longer
nom (m)	full name, surname, name
nombreux	many, numerous, plentiful (m)

Module 7: Glossary

noter	(to) mark, write down, notice / marking, writing down, noticing
notre	our (m, f)
numéro (m)	number
original	original (m)
parc (m)	park
parfait	perfect (m)
paroles (fpl)	lyrics
particulièrement	particularly
partie (f)	part, game, match
partout	everywhere
passé (m)	past
passer; se passer	(to) spend time, pass / spending time, passing time; (to) happen / happening
passe-temps (m)	hobby
perte (f)	loss
peut-être	maybe, perhaps
pièce (f)	piece, room, play
pierre (f)	stone
plein	full (m)
poche (f)	pocket
porte (f)	door
possibilité (f)	possibility
poste (f)	post office
pourtant	yet, nonetheless, nevertheless
près	nearby, close by
proche	nearby, close
propre	clean, proper, own (m, f)
propriétaire (m, f)	owner
province (f)	province
public	public (m)
puisque	as, because
quartier (m)	district, quarter
quelqu'un	somebody, someone
question (f)	question
quoi?	what?
raison (f)	reason
rare	rare (m, f)

récemment	recently
récent	recent (m)
recevoir	(to) receive / receiving
(aux) reçu	received / (have, has) received
regretter	(to) be sorry, regret / being sorry, regretting
remarquer	(to) remark, notice / remarking, noticing
rendre; se rendre	(to) return something, give something back, to make (+ adj) / returning something, giving something back, making (+adj); (to) get to, go to / getting to, going to
réseau (m)	network
retour (m)	return
rêve (m)	dream
riche	rich (m, f)
rien ne	nothing (subj)
roman (m)	novel
route (f)	road
sale	dirty (m, f)
sens (m)	sense, meaning
siècle (m)	century
simplement	simply
sol (m)	floor, ground
son (m)	sound
sortie (f)	exit
(aux) souri	smiled / (have, has) smiled
station (f)	station
supermarché (m)	supermarket
table (f)	table
tableau (m)	board, picture, painting
(à) toi	to you (sing informal) (emph)

Module 7: Glossary

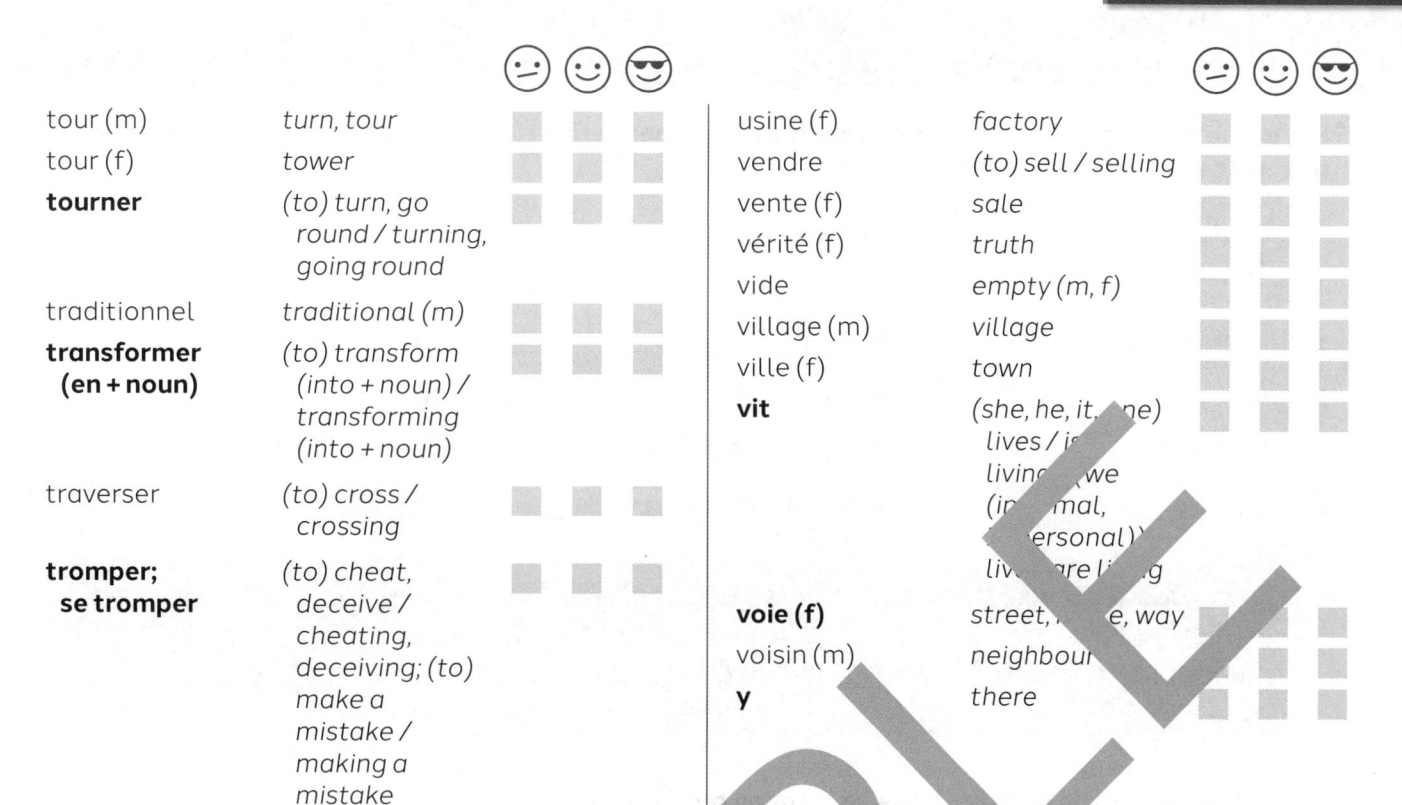

tour (m)	turn, tour
tour (f)	tower
tourner	(to) turn, go round / turning, going round
traditionnel	traditional (m)
transformer (en + noun)	(to) transform (into + noun) / transforming (into + noun)
traverser	(to) cross / crossing
tromper; se tromper	(to) cheat, deceive / cheating, deceiving; (to) make a mistake / making a mistake
usine (f)	factory
vendre	(to) sell / selling
vente (f)	sale
vérité (f)	truth
vide	empty (m, f)
village (m)	village
ville (f)	town
vit	(she, he, it, one) lives / is living; (we (informal, impersonal)) live / are living
voie (f)	street, route, way
voisin (m)	neighbour
y	there

Zone de culture Mon été de rêve
F Using two different tenses to express the future

Module 8
Student Book pp. 182–183

1 Fill in the missing vowels in these French words. Then write the English translations from the box next to each French word.

president writer employee journalist secretary singer teacher boss artist doctor police officer actor

1 CH_NT__R ....
2 _RT_ST_ ....
3 CH_FF_ ....
4 _CT__R ....
5 P_L_C__R ....
6 PR_S_D_NT ....
7 PR_F_SS__R ....
8 M_D_C_N ....
9 J__RN_L_ST_ ....
10 _CR_V__N ....
11 _M___Y_ ....
12 __CR_T__R_ ....

> To talk about events in the future we often use the near-future tense (*aller* + infinitive):
> *Je vais travailler.*   I am going to work.
> Sometimes we can use the present tense <u>with a time adverb</u> to express the future.
> <u>Demain</u>, *je travaille …*   Tomorrow, I am working …

G

2 Unjumble the words and write the sentences out on a separate sheet.

1 un bureau   Je vais   dans   travailler
2 à l'auteur   poster   de ce livre   Je vais   une lettre
3 les inconvénients   prendre   Je pèse avant de   une décision
4 terminer   enfin   avec le directeur   Nous allons   l'entretien
5 d'être   à l'avenir   Je rêve   chef
6 je joue   de foot   dans   l'année prochaine   une équipe

3 Draw lines to match up the sentence halves.

1 Moi, je voudrais devenir …
2 Pour gagner de l'argent, je vais …
3 Je ne vais pas être au chômage parce que …
4 Je veux devenir scientifique …
5 Après le collège, je vais à l'université car …
6 Cet été, je travaille dans une ferme …

a … travailler dans un restaurant.
b … parce que j'ai l'intention d'avoir une influence dans le monde.
c … étudier, c'est nécessaire pour réussir dans la vie.
d … président d'une grande entreprise.
e … parce que je m'intéresse à la liberté des animaux.
f … je vais faire un apprentissage dans l'enseignement.

4 Translate these sentences into French on a separate sheet.

1 In the future, I am going to work in an office because it is interesting.
2 My dad is visiting Canada this summer.
3 I do not want to become an artist because it is hard.
4 To earn money I am going become a postman.
5 I would like to work with dogs because I love animals.

Zone de culture Mon été de rêve
Using three different tenses to express the future

Module 8
Student Book pp. 182–183

1 Complete each sentence using an infinitive from the box.

> apprendre   chercher   inspirer   obtenir   changer   se concentrer   permettre

1 Cet été, je vais .... un emploi dans un restaurant pour gagner de l'argent.

2 Elle va .... à avouer ses erreurs pour devenir une cheffe responsable.

3 Pour réussir mes examens, je vais .... sur mes études pendant les vacances.

4 Travailler avec des professionnels va m'.................... à devenir meilleur dans mon futur métier.

5 Je vais .... un lien avec des professionnels pour bénéficier de leur expérience.

6 Mes parents vont me .... de travailler cet été.

7 On va .... nos esprits pour ne pas perdre nos objectifs.

There are two different future tenses in French:
- the **near future tense** (*aller* + infinitive):   *Je vais travailler.*   I am going to work.
- the **simple future tense**:   *Je travaillerai.*   I will work.

Sometimes we can use the present tense with a time adverb to express the future:
Demain, je travaille…   Tomorrow, I'm working…

---

2 Rewrite <u>the underlined parts</u> using the simple future tense. Write on a separate sheet.

1 <u>Je vais chercher</u> du travail dans une association et j'espère que cela va être intéressant.

2 <u>Je vais aider</u> dans un centre sportif et je souhaite être le patron un jour!

3 Est-ce que <u>tu vas travailler</u> dans une entreprise où l'esprit d'équipe est fort?

4 <u>On va attaquer</u> le problème économique avec des idées techniques.

5 <u>Tu vas commander</u> un rapport pour indiquer les résultats de l'enquête.

6 <u>Il va travailler</u> avec un chercheur pour écrire le contenu de l'article dans la presse.

3 Draw lines to match up the sentence halves.

1 Est-ce que tu aides dans le …
2 Mon ami va travailler …
3 Je ne visite pas de pays européens car …
4 Si je ne trouve pas de travail cet été, c'est …
5 En plus de gagner de l'argent, vous …
6 Nous allons également nous …

a … je n'aime pas voyager.
b … faire de nouveaux amis.
c … allez développer de nouvelles compétences.
d … dans un magasin pendant les vacances.
e … centre sportif ce week-end?
f … à cause de l'état économique.

4 Translate these sentences into English on a separate sheet.

1 Cet été, je vais faire un apprentissage comme avocat.

2 Je servirai les clients dans un restaurant, ce qui peut être dur mais suffisamment intéressant.

3 Mon intention est de devenir plus indépendante et travailleuse à l'avenir.

4 Je veux être ma propre cheffe mais il faut payer des impôts!

5 Je ne veux pas nettoyer des chambres d'hôtels cet été comme l'année dernière – c'était très ennuyeux.

1 Mes passions et mon avenir

F Using a range of structures followed by the infinitive

Module 8
Student Book pp. 184–185

1 Complete the French translations using an infinitive from the box.

1 to look for a job as a waiter .... un boulot comme serveur
2 to always be available .... toujours disponible
3 to come back from abroad .... de l'étranger
4 to serve customer needs .... les besoins des clients
5 to employ the best candidate .... le meilleur candidat
6 to propose a task to the boss .... une tâche au patron

servir
proposer
employer
revenir
chercher
être

> **G** The following phrases can be used to talk about future plans. They need to be followed by the infinitive:
> *Je veux* — I want to
> *Je voudrais* — I would like to
> *J'espère* — I hope to
> *Mon but est de* — My aim is to

le patron

2 Rewrite each sentence on a separate sheet, putting the words into the correct order.

1 quotidien | Je vais | une lettre | au journal | écrire
2 réussir à | J'espère | examens | mes
3 à | une carrière | Je vais | d'aidant | intéress...
4 Mon but | de | les médias | travailler | dans | est
5 me marier | si | possible | pour | Je voudra...
6 comme | Elle voudrait | pour être | un loi | chercher

3 Complete the missing words in these parallel translations.

1	Moi, je veux .... à l'étranger; on dit que je suis capable et d...e, et je parle le	I want to work ....; they say that I am capable and ...., and I speak French.
2	.... je veux avoir des .... able...ent sans me marier.	Later, I want to have children, ... without ....
3	.... est de gagner .... d'argent et d'être ... chef.	My aim is to .... lots of money and be the ....
4	Je .... biter à la .... et avoir des ...ens.	I would like .... in the countryside and have ....
5	Je veux .... comment les .... vont malgré la pauvreté.	I want to know how the inhabitants are doing .... the poverty.

4 Translate these sentences into English on a separate sheet.

1 Généralement, pour trouver un bon travail il faut aller à l'université.
2 Elle suit la politique et elle va voter pour son candidat préféré.
3 Mon but est d'aller à l'université pour étudier les maths.
4 Vous voulez gagner beaucoup d'argent, mais également aider les autres.
5 Je ne veux pas me marier et je n'aime pas les enfants.

⭐ *Sans* + infinitive means without (doing something), and *pour* + infinitive means in order to (do something).

130 AQA GCSE French © Pearson Education Limited 2025

1 Mes passions et mon avenir
Using *après avoir* + a past participle

Module 8
Student Book pp. 184–185

1 Complete each sentence using a word from the box. There are more words than gaps.

1 Mon .... est de devenir plus consciente de mes choix.
2 Mon premier .... est de travailler dans l'industrie des médias.
3 J'espère trouver un emploi facilement, mais .... aller à l'université.
4 .... d'aller en vacances, je dois aller voir mes parents.
5 Mon père ne .... pas gérer un établissement qui se trouve au milieu d'un scandale.
6 Je veux travailler avec les animaux; c'est ma plus grande ....

ennemi	sorte
avant	sans
but	passion
intention	
cas	veut

> To say 'after doing' or 'after having done' something, we use *après avoir* or *après être* + a past participle. Remember that the past participle must agree if it is used with *être*.
> *Après avoir étudié...* After having studied...
> *Après être allée...* After having gone...

2 Complete each sentence with *après avoir* or *après être* and the past participle of the verb in brackets.

1 .... mes études, j'ai l'intention de devenir directeur de ma propre entreprise. (*finir*)
2 .... à l'étranger, j'aurai besoin de trouver du travail. (*voyager*)
3 .... dans son pays, elle espère aider les autres. (*retourner*)
4 Malgré ses problèmes, ... ses examens, elle va aller en France pour une année sabbatique. (*réussir*)
5 .... en ville, elle veut prendre la responsabilité de choisir un restaurant pour la famille. (*aller*)
6 .... de l'argent, son but est de trouver un emploi dans l'enseignement. (*gagner*)

3 Complete the text using a word from the box. There are more words than gaps.

Après avoir **1** .... mes examens, j'espère trouver un
2 .... Je n'ai jamais **3** .... à l'étranger; un avantage
de travailler avec des Européens est de **4** .... de nouvelles
cultures et de pratiquer les **5** .... Mes parents savent que c'est
important pour moi. Parfois, il est **6** .... de réussir mais, avec de
la volonté, tout est possible. Après avoir fini mes **7** ...., je vais
essayer de **8** .... un emploi dans les médias.

difficile	trouver
découvrir	études
assis	vécu
emploi	réussi
langues	

4 Translate these sentences into French on a separate sheet.

1 My intention is to continue my studies.
2 After having passed my exams, I hope to find a job in the media.
3 However, before finding a job I hope to travel abroad; I love languages.
4 Later, I would like to get married and perhaps have children.
5 My aim is to be happy and to live in the countryside.

2 Célébrités à l'écran
Using verbs that take *être* in the perfect tense

1 Draw lines to match up the French past participles with their English translations.

1. passé
2. perdu
3. suivi
4. cru
5. arrivé
6. parti
7. allé
8. resté
9. pris
10. permis

a. followed
b. gone
c. taken
d. allowed
e. spent
f. stayed
g. left
h. lost
i. arrived
j. believed

2 Complete each sentence using a word from the box.

locaux   sociaux   attaque   parlement   ferme

1. Elle a fait des vidéos pour des réseaux ....
2. Il est venu passer une semaine à la ....
3. Avant le vote, elle a passé deux jours .... dormir.
4. Ils ont écouté des électeu.... ....
5. La police a arrêté une .... véhicule.
6. Le ministre a parl.... .... Quelle scène!

3 Use the English text to help you complete the French translation.

This summer I decided to travel to the beach. I bought my train tickets and chose a seat by the window to see the scenery. Upon arriving at the beach, it was sunny. Elsewhere, I saw a small incident on the beach, but that's where I met someone special. We talked for hours; we shared our stories and our dreams.

Cet été, j'ai décidé de **1**.................... à la plage. J'ai acheté mes **2**.................... de train et j'ai choisi un siège près de la **3**.................... pour voir le paysage. En arrivant à la **4**...................., il y avait du soleil. **5**...................., j'ai vu un petit incident sur la plage, mais c'est là que j'ai **6**.................... quelqu'un de spécial. Nous avons parlé **7**.................... des heures; on a partagé nos **8**.................... et nos rêves.

Some verbs form the perfect tense with *être* and not *avoir*. For example: *aller, arriver, partir* and *rester*. Remember that the past participle must agree with the subject of the verb in this case.

je suis arrivé(e)	I arrived
tu es arrivé(e)	you arrived
il est arrivé	he arrived
elle est arrivée	she arrived

nous sommes arrivé(e)s	we arrived
vous êtes arrivé(e)(s)	you arrived
ils sont arrivés	they arrived (m)
elles sont arrivées	they arrived (f)

Module 8
Student Book pp. 186–187

4 Circle the correct auxiliary verb to complete each sentence.

1 Le train **a / est** arrivé plusieurs fois en retard.

2 Je **suis / ai** resté longtemps dans un camping avec un couple.

3 Ma sœur n' **a / est** pas venue parce que son chien est mort.

4 Est-ce que tu **as / es** voyagé sans nous?

5 Nous **avons / sommes** joué au football dans le parc; est-ce que tu as vu?

H 6 Mon frère **a / est** pris le train directement de Paris.

H 5 Complete the sentences, putting the verbs in brackets into the perfect tense.

H Remember that you can use *venir de* + an infinitive to say what has just happened.

1 Ils .... une nuit dans un hôtel. (*passer*)

2 Elle .... ses amis pour aller vivre à la campagne. (*abandonner*)

3 Elle .... avant de nourrir les animaux pour la première fois. (*hésiter*)

4 Ils .... d'une histoire où un soldat a aidé à la femme. (*discuter*)

5 Ils .... en Angleterre et ils .... dans un très grand hôtel. (*voyager, rester*)

6 Je .... dans l'appartement. (*entrer*)

7 Il .... chez lui car il n'était pas capable de partir en vacances cette année. (*rester*)

8 Nous .... en Corse et nous .... des photos. (*aller, prendre*)

F 6 Translate these sentences into French.

1 The advantage is that you can quickly become rich.

Use *on peut*.

....

2 The downside is that one can receive nasty messages.

....

3 My mum went to England with me.

....

4 We took the train and stayed in a hotel.

....

5 My mother loved her job as a doctor.

....

H 7 Translate these sentences into English on a separate sheet.

1 L'année dernière, ma sœur est allée à l'étranger pour un voyage professionnel.

2 Quand elle est arrivée, elle a commencé à travailler avec une équipe locale.

3 Elle a remercié le leader pour son soutien pendant l'expérience.

4 Elle a lu des commentaires au sujet de l'équipe sur les réseaux sociaux.

5 Après son départ, elle a écrit un chapitre de son livre sur son séjour à l'étranger.

3 Quelles sont tes compétences?
Using infinitives as nouns

1 Complete each sentence using a word from the box.

> moment   sentiments   emploi   idées   décisions

1. J'aime travailler avec des chiens et partager mes .... pour les animaux.
2. Je suis actif et j'aime aider les autres; j'aime aussi prendre mes propres ....
3. Je veux travailler avec un groupe qui aime mes ....
4. Communiquer avec les autres, c'est passionnant, mais en ce .... je suis au chômage.
5. Je voudrais trouver un .... avec un bon salaire.

2 Write the English translations from the box next to each French word or phrase.

> fashion   an interesting role   being responsible   communication   passion   working alone   the team   a positive attitude   a good salary   animals

1. la communication ....
2. un bon salaire ....
3. l'équipe ....
4. travailler seul(e) ....
5. les animaux ....
6. la mode ....
7. un rôle intéressant ....
8. la passion ....
9. une attitude positive ....
10. être responsable ....

> We can use infinitives as nouns in French. We translate these as '-ing' in English:
> *Aider les animaux*, c'est passionnant.   *Helping animals* is exciting.   **G**

3 Use words from the grid to translate the sentences into French. Use some words more than once.

Remember to use c'est in your translations.

1. Being hard-working is essential.
   ....
2. Becoming a police officer is my dream. ....
3. Being a member of a green project is my goal. ....
4. Describing my father's job in a letter is my homework!
   ....
5. Working with animals is important for me. ....

travailleur	essentiel	dans une lettre	avec les animaux	être	mes devoirs
policière	c'est	important	mon rêve	pour moi	mon but
d'un projet vert	travailler	membre	devenir	décrire	le travail de mon père

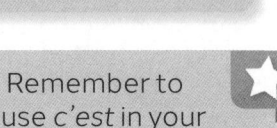

Module 8
Student Book pp. 188–189

4 Draw lines to match up the sentence halves.

1 Lire les journaux du matin …   a … pour la communication.

2 Travailler dur, vous …   b … c'est passionnant.

3 Envoyer un message clair, c'est essentiel …   c … c'est pratique, nous le savons tous.

H 4 Présenter un événement en ligne, …   d … quelqu'un, c'est un inconvénient à éviter au travail.

H 5 S'asseoir sur la chaise au travail, …   e … est un bon outil pour améliorer ton français.

H 6 Risquer de décevoir …   f … savez que c'est souvent nécessaire.

H 5 Rearrange the sections of text to create a paragraph starting with section 4.

1 de se fier aux autres, c'est essentiel pour

2 idées et j'aime proposer

3 avec les meilleurs et remercier les gens qui

4 ~~Je suis intéressé par la découverte des~~

5 m'aident. Il est important de sembler

6 des solutions techniques. Être conscient de l'importance

7 sérieux et de penser aux autres.

8 moi. Dans un emploi, je veux travailler

Je suis intéressé par la découverte des …

F 6 Translate these sentences into English.

1 Travailler seul, c'est important pour moi.

2 En plus, tu sais qu'un bon salaire est essentiel.

3 Si j'ai de la chance, je veux être actrice – j'adore le cinéma.

4 Être actif, c'est important, je veux être policière pour protéger les gens.

5 Je suis sérieux et je fais toujours attention au travail.

H 7 Translate these sentences into French on a separate sheet.

1 When you look for a job, it is essential to think about your passions and skills.

2 Having a job that interests you is much more enjoyable.

3 A good salary is important, but it should not be the most important thing.

4 Learning new skills can be exciting!

5 It is also important to work with a good boss.

4 Bien payé, mais difficile!
Using verbs followed by *à* or *de*

1 Complete each sentence with a word from the box. There are more words than gaps. Then mark if the sentence is positive or negative.

> gens   chaise   journée   gagne   travail   décisions   mal   heures   dangereux

1 Le .... est bien payé.
2 Ça peut être ....
3 Les .... sont sympa.
4 On ne .... pas beaucoup d'argent.
5 Les .... sont longues.
6 On peut prendre des ....
H 7 On s'assoit toute la ....

2 Circle the correct verb tense to complete the French translation.

1 Après le collège **j'ai travaillé / je travaillais** comme actrice. — *After school I worked as an actress.*

2 Maintenant, **j'ai continué / je vais continuer** de travailler dur. — *Now I am going to continue to work hard.*

3 Je **ne pense / n'ai pensé** pas à travailler à l'étranger. — *I'm not thinking about working abroad.*

H 4 Dans le passé, je **m'occupais / m'occupe** des animaux. — *I used to look after animals.*

H 5 **J'ai été / Je suis** médecin depuis deux ans. — *I have been a doctor for two years.*

> Careful with *depuis*! ⭐

> **G**
> Some verbs are followed be *à* or *de* + the infinitive:
> commencer à — to start to   essayer de — to try to
> réussir à — to succeed in   rêver de — to dream of
> continuer de — to continue to   arrêter de — to stop
> décider de — to decide to

3 Rewrite each sentence, putting the words into the correct order.

1 de | J'essaye | une sorte | trouver | de réduction

....

2 artiste | dans | rêve | de devenir | Je | le futur

....

3 décidé de | un boulot | chercher | J'ai | facteur | comme

....

4 de travailler | restaurant | ? | as continué | Est-ce que tu | dans le

....

136   AQA GCSE French © Pearson Education Limited 2025

5 entreprise | à commencer | Elle | sa propre | a réussi

....

H 6 dois | études | Je | réussir à | mes | !

....

4 Complete the missing words in these parallel translations.

1	Je vais .... de lire le journal pendant environ une heure chaque	I will continue .... the newspaper for .... one hour every morning.
2	Elle a décidé d'.................. à l'étranger pour l'.................. .	She .... to .... for the winter.
H 3	Nous essayons de .... l'état .... des choses.	We .... to understand the current state of ....
H 4	Ils ont arrêté de .... l'écran après avoir vu le film.	They .... looking at the screen after having watched the ....
H 5	Vous devez commencer .... faire seulement ce qui vous .... juste.	You must .... to do only what seems .... to you.

H 5 Complete the text with words from the box. There are more words than gaps.

continuer | choisir | respecte | voulez | faisons | être | faites | réussir | veux | aide | devez

Je **1**.................. de trouver un emploi que j'aime et qui **2**.................. les habitants de ma ville. Nous **3**.................. tous des choix importants, et je veux **4**.................. de suivre mes passions sans excuse. Je **5**.................. utiliser mes propres compétences pour **6**.................. . Les entreprises font souvent des promesses, mais je veux **7**.................. un emploi qui **8**.................. mon identité.

F 6 Translate these sentences into French on a separate sheet.

Check the tenses of the sentences in your translation!

1 One problem is that the hours are long. — This is feminine.

2 I am going to continue to study after sixth form. — This does not take an article.

3 He dreams of being an artist because he wants to work alone.

4 After school, I used to work in a café.

5 The work is interesting, but you don't earn much money.

H 7 Translate these sentences into English on a separate sheet.

1 Je sais que, dès le début, je dois choisir une carrière qui m'intéresse.

2 J'ai cru longtemps qu'un bon emploi était important.

3 Mais maintenant, je rêve de trouver un emploi qui aide les gens de ma ville.

4 Certains arrêtent de rêver, mais je veux réussir avec mes idées.

5 Je veux un travail qui fait une différence; je veux suivre mes passions sans excuse.

Glossary

bold = this word will appear in Higher exams only

abandonner	(to) give up, abandon / giving up, abandoning	
acteur (m)	actor	
actif	active, energetic	
aidant (m)	carer	
aider (… à + infinitive)	(to) help / helping (someone + verb)	
ailleurs	elsewhere, somewhere else	
aller	(to) go / going	
apprentissage (m)	apprenticeship	
après avoir + pp	after having + pp	
argent (m)	money	
arriver; arriver à + infinitive	(to) arrive / arriving; (to) manage, succeed in + verb / managing, succeeding in + verb	
artiste (m, f)	artist	
asseoir; s'asseoir	(to) sit / sitting; (to) sit down / sitting down	
assied/assoit; s'assied/ s'assoit	(she, he, one) sits / is sitting (down); (we (informal), impersonal) sit / are sitting (down)	
(aux) assis / s'(aux) assis	(he, she, has) sat down	
association (f)	association	
attaque (f)	attack	
attaquer	(to) attack / attacking	
attention (f)	attention	
auteur (m, f)	author	
avantage (m)	advantage	
avenir (m)	future	
avocat (m)	lawyer	
avouer	(to) admit to, confess to / admitting to, confessing to	

bénéficier de + noun	(to) get, receive, benefit from + noun / getting, receiving, benefitting from + noun	
besoin (m)	need	
billet (m)	ticket	
boulot (m)	work	
bureau (m)	desk, office	
but (m)	goal, aim, objective, purpose	
candidat (m)	candidate	
capable	able, capable	
carrière (f)	career	
cas (m)	case, scenario	
chaise (f)	chair	
chanteur (m)	singer	
chapitre (m)	chapter	
chef (m)	boss, cook	
cheffe (f)	boss, cook	
chercher	(to) look for / looking for	
chercheur (m)	researcher	
chien (m)	dog	
chômage (m)	unemployment	
client (m)	customer, client	
commander; commander à … de + infinitive	(to) order / ordering; (to) tell someone / telling someone + verb	
commentaire (m)	comment, remark	
communication (f)	communication	
communiquer	(to) pass on, communicate / passing on, communicating	
compétence (f)	competence, skill	
concentrer	(to) concentrate / concentrating	
conscient	conscious, aware	

138 AQA GCSE French © Pearson Education Limited 2025

Module 8: Glossary

contenu (m)	contents
continuer (à/de + infinitive)	(to) continue, carry on (+ verb) / continuing, carrying on (+ verb)
couple (m)	couple
(aux) cru	(have, has) believed
début (m)	beginning
décevoir	(to) disappoint / disappointing
décider (de + infinitive); se décider (à + infinitive)	(to) decide / deciding (+ verb); (to) make the decision / making the decision (+ verb)
décision (f)	decision
décrire	(to) describe / describing
départ (m)	departure
devenir	(to) become / becoming
devez	(you (pl, sing formal)) have, must
directement	directly
directeur (m)	headteacher, manager
disponible	available (m, f)
dit /(aux) dit	(she, he, it) says, tells / saying, is telling / (have, has) said, told
drôle	funny (m, f)
dur	hard (m)
économique	economic (m, f)
écran (m)	screen
écrivain (m)	writer
également	also, too, as well, equally
électeur (m)	elector, voter
emploi (m)	job
employé (m)	employee, worker
employer	(to) use, employ / using, employing
enfin	finally
ennemi (m)	enemy
enseignement (m)	education, teaching
entreprise (f)	company
entrer	(to) enter, go in, come in / entering, going in, coming in
entretien (m)	interview, maintenance
environ	about, there, around
équipe (f)	team
espérer	(to) hope (for) / hoping (for)
esprit (m)	mind, spirit
établissement (m)	establishment, organisation
état (m)	state
étranger (m)	foreigner, stranger, abroad
étude (f)	study
européen (m)	European
événement (m)	event
facilement	easily
facteur (m)	postman
faites; faites de	you (pl, sing formal) do, make / are doing, making
fois (f)	time
font; font de	(they) do, make / are doing, making
généralement	generally
gérer	(to) manage, handle, deal with / managing, handling, dealing with
groupe (m)	group
habitant (m)	resident
hésiter	(to) be unsure, hesitate / being unsure, hesitating
idée (f)	idea

Module 8: Glossary

impôt (m)	tax
incident (m)	incident
inconvénient (m)	snag, drawback, disadvantage, inconvenience
indépendant	independent (m)
indiquer	(to) indicate, show / indicating, showing
industrie (f)	industry
influence (f)	influence
inspirer; s'inspirer de + noun	(to) inspire / inspiring; (to) be inspired by / being inspired by + noun
intention (f)	intention
intéressant	interesting (m)
intéresser + subject/object inversion; s'intéresser (à + noun)	(to) find interesting / finding interesting; (to) be interested / being interested (in + noun)
journal (m)	newspaper
journaliste (m, f)	journalist
journaux (mpl)	newspapers
le meilleur/ la meilleure/ les meilleur(e)s	the best (m) (f) (pl)
leader (m, f)	leader
lettre (f)	letter
liberté (f)	liberty, freedom
lien (m)	link, bond
longtemps	a long time
longue	long (f)
mal	bad (m, f)
malgré	despite, in spite of
méchant	nasty, naughty, mean (m)
médias (mpl)	media
meilleur(e)(s)	better, best (m) (f) (pl)
membre (m)	member
message (m)	message

ministre (m, f)	minister
(aux) mort	(have, has) died
nettoyer	(to) clean / cleaning
objectif (m)	objective, aim, goal
obtenir	(to) get, obtain / getting, obtaining
occuper; s'occuper de + noun	(to) fill, keep busy / filling, keeping busy; (to) take / taking care of + noun
outil (m)	tool
parlement (m)	parliament
partager	(to) share / sharing
patron (m)	boss
pauvreté (f)	poverty
perdre, se perdre	(to) lose / losing; (to) get lost / getting lost
permettre (à ... + infinitive)	(to) allow, allowing (someone + verb)
(aux) permis (à ... de + infinitive)	(have, has) allowed, permitted (someone + verb)
peser	(to) weigh / weighing
plusieurs	several, many
police (f)	police
policier (m)	policeman
policière (f)	policewoman
politique (f)	politics
possible	possible (m, f)
poster	(to) post / posting
présenter; présenter ... à	(to) present, show / presenting, showing; (to) introduce / introducing someone to
président (m)	president
presse (f)	press
professionnel	professional (m)

Module 8: Glossary

proposer; proposer de + infinitive	(to) propose, offer / proposing, offering; (to) suggest / suggesting + verb
que/qu'	that
quel(le)(s) ?	which? (m) (f) (pl)
quotidien	daily (m)
rapidement	quickly, rapidly
réduction (f)	reduction
remercier	(to) thank / thanking
responsabilité (f)	responsibility
responsable	responsible (m, f)
restaurant (m)	restaurant
réussir (à + infinitive) (à + noun)	(to) succeed (in + verb), pass (an exam) / succeeding (in + verb), passing (an exam)
revenir	(to) come back, return / coming back, returning
rêver (à/de + noun)	(to) dream / dreaming (about + noun)
risquer (de + infinitive)	(to) risk / risking (+ verb)
rôle (m)	role
sabbatique	sabbatical, gap (m, f)
sais	(I / you (sing informal)) know (how to), can
salaire (m)	salary, wage
savent	(they) know (how to), can
savez	(you (pl, sing formal)) know (how to), can
savons	(we) know (how to), can
scandale (m)	scandal, uproar
scène (f)	stage, scene
scientifique (m, f)	scientist

secrétaire (m, f)	secretary
sembler	(to) seem / seeming
sentiment (m)	feeling
serveur (m)	waiter, server
servir; se servir de	(to) serve / serving; (to) use, make use of / using, making use of
siège (m)	seat, bench
soldat (m)	soldier
sorte (f)	sort, kind
souhaiter	(to) wish / wishing
suffisamment	sufficiently
suit	(she, he, it, one) follows, (we (informal, impersonal)) follow / are following
(aux) suivi	(have, has) followed
tâche (f)	task, chore
technique	technical (m, f)
terminer (de + infinitive)	(to) finish (+ verb), end / finishing (+ verb), ending
toujours	always
travailleur	hard-working (m)
travailleuse	hard-working (f)
université (f)	university
(aux) vécu	(have, has) lived
volonté (f)	will
vote (m)	vote
voudrait	(she, he, it, one, we (informal, impersonal)) would like
voulez	(you (pl, sing formal)) want
(aux) vu	(have, has) seen

Foundation translation revision

French to English

1 Underline the English parts in these tangled sentences. Then rewrite each sentence in English.

  1 I would like to live in un grand appartement au centre ville. ....

  ....

  2 I spent one night dans l'hôtel mais the bed was trop petit. ....

  ....

  3 In the future je vais lire books en français. ....

  4 Il faut stop buying des sacs en plastique. ....

2 Circle the deliberate mistake in each English translation, then correct the mistake.

  1 L'homme est petit et il a les cheveux courts.

   The man is tall and has short hair. ....

  2 À l'avenir, je veux travailler avec les animaux.

   In the future I want to work with people. ....

  3 Le week-end dernier, je suis allé à un concert avec ma famille.

   Last weekend, I went to a concert with friends. ....

  4 Je vais manger plus de légumes et moins de gâteau.

   I'm going to eat more fruit and less cake. ....

  5 Je pense que la pollution est un problème énorme.

   I think that deforestation is an enormous problem. ....

  6 J'ai acheté un pantalon noir pour l'anniversaire de mon frère.

   I bought a black dress for my brother's birthday. ....

3 Translate these sentences into English.

  1 Le week-end dernier, je suis allé à un concert avec ma mère.

  ....

  2 J'aime regarder les émissions de sport toute seule dans ma chambre.

  ....

  3 Je veux être en forme donc je vais manger plus de légumes.

  ....

  4 Je vais acheter un cadeau pour le mariage de ma sœur.

  ....

  5 Au collège, je ne recyclais rien, mais maintenant je sépare mes déchets.

  ....

Modules 1–8: Translation revision

English to French

1 Translate these phrases into French using the phrases from the box.

> j'aime le théâtre   j'ai perdu   J'aime les émissions de sport   un visage long
> un bon salaire   aller à vélo   c'est devant le parc   elle est malade

1 a good salary ....
2 it's in front of the park ....
3 I lost ....
4 she is ill ....
5 to go by bike ....
6 I like drama ....
7 a long face ....
8 I like sports programmes ....

2 Translate these sentences into French, using the phrases in the grid.

1 I live in a town in the north of England.

   ....

2 It is cold in winter and in summer it is often foggy.

   ....

3 My aim is to be the boss and have an interesting job in the future.

   ....

Mon but	du brouillard.	dans le nord de l'Angleterre	à l'avenir.
J'habite	et d'avoir un travail intéressant	est d'être le patron	il y a souvent
en hiver	dans une ville	en été	Il fait froid

3 Circle the correct translation: A or B.

1	I received presents for my birthday.	A	J'ai reçu des cadeaux pour mon anniversaire.	B	J'ai reçu des cartes pour mon anniversaire.
2	My friends are funny but often serious.	A	Mes amies sont amusantes mais souvent sérieuses.	B	Mes amies sont amusantes mais souvent ennuyeuses.
3	For breakfast I am going to drink more milk.	A	Au petit-déjeuner je vais boire plus de lait.	B	Au petit-déjeuner je vais boire plus d'eau.
4	If it is nice weather we are going go to the beach.	A	S'il fait beau, on va aller au musée.	B	S'il fait beau, on va aller à la plage.
5	We spent three nights in the hotel.	A	On a passé trois nuits dans l'hôtel.	B	On va passer trois nuits dans l'hôtel.

4 Translate these sentences into French on a separate sheet.

1 I love drama and my aim is to become an actor.   *Use est de.*

2 I live in a big house in front of a park in the south of England.

3 I am going to drink more milk and go to school by bike.   *Use the near future tense.*

4 I like watching sports programmes and going to the beach.

5 A good salary and an interesting job are important for me.   *This needs to agree!*

AQA GCSE French © Pearson Education Limited 2025

Higher translation revision

French to English

1 Use the French sentences to help you complete the English translations.

1. Mon frère, qui adore le sport, aime regarder des émissions de sport sur son portable tous les soirs.

   My brother, who loves sports, likes to ....

2. Je veux être responsable et réussir à l'école, donc je fais mes devoirs chaque jour.

   I want to be responsible and succeed in school, so ....

3. Ma mère a préparé un gâteau pour mon anniversaire et je veux vraiment le partager avec mes amis.

   My mother has prepared a cake for ....

4. J'ai lu un livre intéressant sur l'histoire de la France qui m'aide à mieux comprendre la culture.

   I read an interesting book about the history of France, ...

5. Pour être en forme, nous avons décidé de manger plus de légumes et de faire de l'exercice.

   To get fit, we have decided to ....

6. Je vais acheter un cadeau pour le mariage de mon frère, qui aura lieu le mois prochain.

   I am going to buy a present for my brother's wedding ....

2 Read this French paragraph. Then translate the underlined parts into English.

> En ville, il y a beaucoup **1** d'activités amusantes. On peut visiter le musée, qui est très intéressant, ou **2** profiter du beau temps au parc. Le week-end, j'aime aller au cinéma avec mes amis pour voir les films les plus récents. Pendant mon temps libre, j'adore **4** lire des romans. Parfois, je vais au café **5** pour rencontrer des amis et discuter de nos projets. Cela me permet de me relaxer **6** après une semaine fatigante. Pour aider l'environnement, **7** j'essaye de recycler le plus possible et je prends **8** les transports en commun pour aller en ville.

1 .... 5 ....
2 .... 6 ....
3 .... 7 ....
4 .... 8 ....

3 Translate these sentences into English on a separate sheet.

1. Pour rester en bonne santé, il est essentiel de manger des légumes et de faire de l'exercice.
2. Actuellement, je vais souvent au parc pour courir et profiter du beau temps.
3. La vie scolaire est parfois difficile pour moi.
4. Je fais de mon mieux pour participer en classe et je travaille dur pour réussir à mes examens.
5. J'aimerais avoir une carrière dans les médias mais c'est une industrie très populaire donc je ne sais pas si je vais réussir.

Modules 1–8: Translation revision

English to French

1 Translate these sentences into French, using the phrases in the grid.

1 At school, I only learned French and not English. ....
2 I have decided to continue my studies at university. ....
3 The school day is shorter in Reunion. ....
4 We need to protest against pollution. ....
5 If I were rich, I'd live in a castle. ....

à la Réunion	contre	au collège	est
la pollution	j'habiterais	continuer	à l'université
mes études	plus courte	il faut	
si j'étais riche	la journée scolaire	un château	je n'... que
manifester	le français	et pas ... anglais	j'ai décidé

2 Read this English paragraph and complete the translation.

> Recently, I went to a restaurant with my family for a big meal. The restaurant was located in the centre of town. We ordered many dishes, including fresh vegetables and meat. At the table next to us, there was a family who were celebrating a birthday. They were having a great time! The mother had long brown hair and the father was taking photos of this special moment.

Récemment, 1 .... restaurant avec ma famille pour

2 .... restaurant était situé au centre de la ville.

3 .... beaucoup de .... y compris des 4 ....

et de la viande. 5 ...., il y avait une famille

6 .... Ils passaient un super moment!

La mère avait 7 .... et le

8 .... de ce moment spécial.

3 Translate these sentences into French on a separate sheet.

1 At school, I learned French and I went to university to study languages.
2 Recently, I got a job as a teacher in the south of France. *(Use obtenir.)*
3 My family came to visit the region and to see me.
4 We went to a famous restaurant and we tried some local dishes.
5 If I were rich, I'd buy an old castle in the countryside here. *(This is the conditional; find another example on this page!)*

AQA GCSE French © Pearson Education Limited 2025 — 145

Vocabulary learning strategies

In the examination you will be tested on your knowledge of French vocabulary, so learning the vocabulary is really important. But how do you make it stick? Here are some strategies you could try.

1 Look, say, cover, write, check

Create a template on a piece of paper and fold along the columns. Now follow this process for each word:

1. look at it
2. read it a few times and say it carefully and clearly three times
3. cover it over so you cannot see it
4. write it out
5. check it.

Repeat this three times for each word.

Look, say, cover	Write and check	Write and check	Write and check
garçon			
fille			

2 Flashcards

Make a set of flashcards with the French on one side and the English or an image on the other.

Test yourself or work with a partner to remember the translation.

Pull out cards at random and see if you can remember what the words mean.

You could make a pile of cards you know and another pile of words you don't.

Keep pulling out cards until you remember them all.

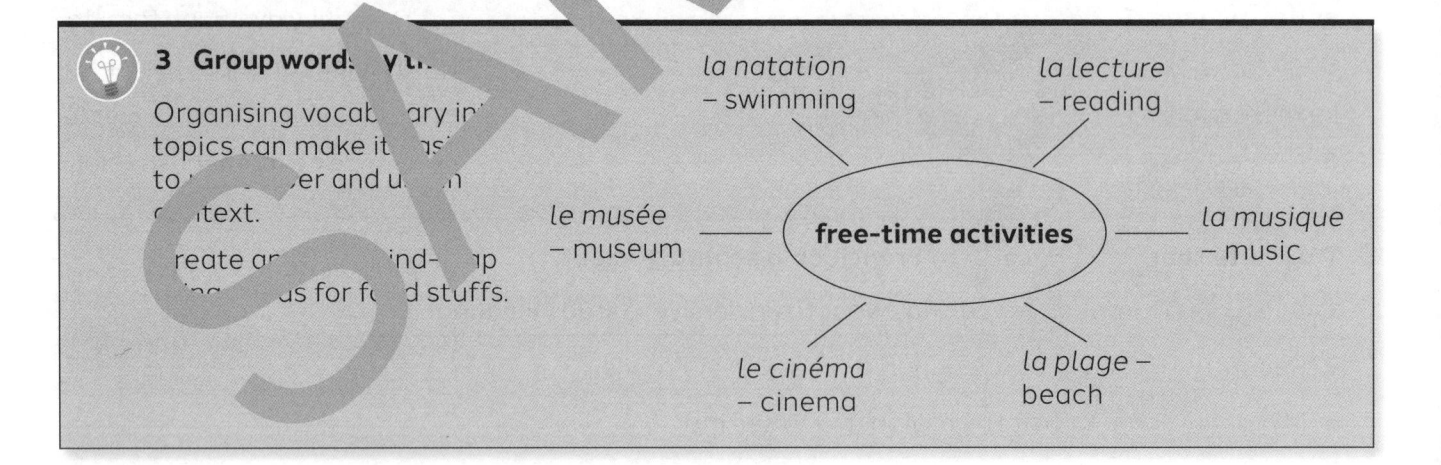

3 Group words by topic

Organising vocabulary into topics can make it easier to remember and use in context.

Create a mind-map using synonyms for food stuffs.

- la natation – swimming
- la lecture – reading
- le musée – museum
- free-time activities
- la musique – music
- le cinéma – cinema
- la plage – beach

4 Make links using your wider knowledge of English

un arbre ⟶ arboriculturalist ⟶ tree surgeon ⟶ tree

une bibliothèque ⟶ Bible ⟶ book made up of 66 separate smaller books ⟶ library

un médecin ⟶ medicine ⟶ doctor

comprendre ⟶ comprehend ⟶ understand

Look at the glossary. Can you find five other words that you can work out or remember due to links in English?

Vocabulary learning strategies

5 Linguistic tricks

Did you know that sometimes if you change an **é** at the beginning of a French word to an **s**, you can unlock the English translation?

Did you know that if you add an **-s** to a vowel with a **circumflex** accent, you can sometimes find the English meaning? Can you work out these meanings?

étude	stude ⟶ study	hôpital	hôspital ⟶ hospital
écran		forêt	
école		coût	
étage		château	
état		île	

6 Put sticky notes around the classroom or at home

You could label objects in the classroom or at home with their French word, and every time you pass the object, say the word out loud.

Choose a list of words that you want to learn, and write each word, with its translation, on a sticky note. Put the sticky notes in a place you often look at or pass by, e.g. the fridge, a mirror or the bathroom door. Every time you see the sticky notes, say the French word out loud.

7 Shrink, grow, change

Play shrink, grow, change with a partner to practise words from different word classes. Write a simple sentence like the one below. Then roll a dice and look at the number:

- if you roll 1–2, shrink an element
- if you roll 3–4, grow an element
- if you roll 5–6, change an element.

Ma mère aime aller en ville avec mon frère.
3 … GROW!
Ma mère aime aller en ville avec mon frère et ma sœur.
6 … CHANGE!
Ma mère aime manger en ville avec mon frère et ma sœur.

8

Five minutes a day is better than one block in an hour. Seven new words at a time is better than 20 in one go!

Where could you have a list of words that you can check every so often in the house?

When is the best time for you to spend 5 minutes practising your vocabulary?

Try setting a reminder or an alarm and sticking to those 5 minutes a day.

9 Try mnemonics to help you learn more difficult spellings

beaucoup: Bears Eat Apples Under Cherry Orchards Until Plump
brouillard: Big Rabbits Often Use Igloos Like Little Arctic Rabbit Dens

Look at the glossary for words you find hard to spell. Can you think of a mnemonic for three of them?

Translation strategies: French to English

Reading for gist
When translating from French into English, it's important to read through each sentence in order to establish the general meaning, even if there are some words you don't recognise or cannot immediately translate.

Breaking it down
- Look at each sentence or phrase. Try to group words or phrases that logically go together, and produce an English translation that sounds right. Remember that word order can be different in French and English:

    Facebook est → *le réseau social* → *le plus populaire* → *au monde.*
    Facebook is the most popular social network in the world.

- Remember that adjectives usually come <u>after</u> the noun they describe in French. So if you had to translate '*Elle a les **cheveux noirs***', you would write 'She has ~~black~~ hair, not 'her black'.
- Watch out for object pronouns when translating, as the word order is different in French. Be especially careful of *le, la, l'* or *les*, meaning 'him', 'her', 'it' or 'them', as they will come <u>before</u> the verb and must not be confused with the French words for 'the' which are identical:

    *Je **le** donne à Hugo.*   I give **it** to Hugo. Don't be tempted to translate *le* as 'the' here.

Using familiar language, context and common sense
Try to use familiar language, context and common sense to decode the meaning of words you don't know. In the following sentence, identify the words you <u>definitely</u> know:

Elle déteste partager sa chambre avec sa sœur.

You probably recognise *elle déteste* (she hates), *sa chambre* (her bedroom) and *avec sa sœur* (with her sister). You might also know *partager*, but if you don't, use the vocabulary you do know to make an informed guess. So far you have 'She hates … her bedroom with her sister'.

Ask yourself: what makes sense in the context of the rest of the text? Given that there is just one word in French, the English translation will probably only be one or two words, so you wouldn't guess something long like 'going on the computer' and it can't be something which you already know the French for, such as 'watching TV' or 'reading'. You might guess the correct answer – 'sharing' or 'to share'.

Using cognates and near-cognates
- Look for **cognates** (words which are the same in both languages (e.g. '*différence*', '*information*', '*important*')) or **near-cognates** (words which are very similar in both languages (e.g. *étudier* (to study), *commencer* (to commence), *difficile* (difficult)), as you can easily work out the meaning of these words in English, even if you might not have known the word if you had been asked to translate it from English into French.
- You can sometimes work out the meaning of a word which is a near-cognate and then adapt it to get a better translation.

    *Elle sert les **clients** au café.*

    'Clients' is also an English word, but a more natural translation here would be 'She serves the **customers** at the café.'

148 AQA GCSE French © Pearson Education Limited 2025

Translation strategies: French to English

False friends

Watch out for 'false friends' (French words which look similar to English, but actually have totally different meanings). Look at these sentences:

Mon frère est très **gentil**.   Elle **travaille** à l'étranger.   La **journée** était longue.

If you think about cognates or near-cognates, you might have tried the following translations:

My brother is very ~~gentle~~.   She ~~travels~~ abroad.   The ~~journey~~ was long.

All three would be wrong! The correct translations are:

My brother is very **kind**.   She **works** abroad.   The **day** was long.

Grammar

- Use time indicators and your grammatical knowledge to help you translate into the correct tense:

Present: **Normalement**, **je vais** au collège **à pied**.   Normally, I walk to school.
Past: **Le week-end dernier**, **nous sommes allés** en ville.   Last weekend, we went to town.
Future: **Demain, nous allons aller** au théâtre.   Tomorrow we are going to go to the theatre.

- Remember that you can translate some tenses more than one way. Try out the various versions and see which sounds better in the context.

Present: je **prends** mon petit-déjeuner   →   I eat breakfast or I am eating breakfast
Perfect: j'**ai pris** mon petit-déjeuner   →   I ate breakfast or I have eaten breakfast
Imperfect: je **prenais** mon petit-déjeuner   →   I ate breakfast or I was eating breakfast or I used to eat breakfast

Translation skills

- Don't try to translate word for word, as you won't always find that one word in French means one word in English.

   Il y a deux cuisines chez moi.   There are two kitchens in my house.
   Il y a → there is/are   deux cuisines → two kitchens   chez moi → in my house

Also, don't forget that singular nouns in French might equate to plural nouns in English, or vice versa:

   Ce soir, je vais faire mes devoirs.   This evening, I am going to do **my homework**.

- Don't be afraid to use different words or a different number of words to get a good translation. However, don't stray too far from the meaning or make random guesses. It is, however, important to account for every word in a translation, even if some words don't need translating or you need to add words for the sentence to make sense:

   Ils jouent au foot le week-end.   They play football at the weekend.

> You don't need to translate *au* into English but 'at' has been added for the sentence to make sense.

   Je vais regarder la télé demain soir.   I'm going to watch TV tomorrow evening.

> *la* (the) is not needed in English.

- Read through your translation to check that it makes sense and sounds natural. For example, you could translate *J'aime aussi jouer au tennis* as 'I also like playing tennis' or 'I like playing tennis too', but not as 'I like also playing tennis', as this sounds clumsy. Play around with the word order until it sounds natural.

Translation strategies: English to French

When you have a passage or a sentence to translate into French, firstly read the whole thing through once. Then work sentence by sentence or phrase by phrase, bearing the following strategies in mind.

Grammar
Verbs
- Read the English carefully to make sure you have identified which tense needs to be used in French.
  Look for clues such as **time markers** to help you:
    Yesterday, I went swimming. ⟶ perfect tense
    Tomorrow, I'm going to go shopping. ⟶ near future tense
  H But remember that to say you have been doing something for a certain length of time in French, you use *depuis* + present tense, when you would use the perfect tense in English:
    I have been learning French for four years.   *J'apprends le français depuis quatre ans.*
- Think carefully about the verb forms you need. Who is the subject of the verb (who is doing the action)? Is it more than one person? Make sure you know your verb endings. For the perfect tense, check you have used the correct auxiliary verb (*avoir* or *être*) and a past participle:
    She **arrived** late.   *Elle **est arrivée** en retard.*

  > Remember that, with verbs using *être* in the perfect tense, the past participle must agree with the subject of the verb.

- Look out for reflexive verbs in French as these are not always obvious from the English:
    I get up at 8 o'clock.   *Je me lève à 8 heures.*
- Remember that French uses **infinitives** when English uses words ending in '–ing':
    I like **playing** football.   *J'aime jouer au foot.*
- You might have to use **modal verbs**, so look out for 'can', 'must', should', 'allowed to' and remember that these verb forms are followed by the infinitive in French:
    We **can** go swimming.   *On **peut** faire de la natation.*
- Look out for '**would**' in English. This indicates that you need the conditional tense in French:
    I **would** like to go to the cinema.   *Je voudrais aller au cinéma.*

Nouns and adjectives
- Gender, articles, adjectival agreement and position are also really important when you are translating nouns into French:
    She has a **big** house.   *Elle a une **grande** maison.*
    I saw two **white** dogs.   *J'ai vu deux chiens **blancs**.*

  > Remember to add **-e** to most adjectives for feminine, **-s** for masculine plural and **-es** for feminine plural.

Time phrases
- Learn common time and frequency phrases so you always have them ready to use: yesterday (*hier*), today (*aujourd'hui*), tomorrow (*demain*), every day (*tous les jours*), etc.

Useful little words
- Build up your bank of vocabulary with useful little words, which you are likely to need in your translations, for example: intensifiers (quite – *assez*, very – *très*), quantifiers (a lot of – *beaucoup de*, a little – *un peu de*), conjunctions (but – *mais*, because – *parce que*), prepositions (on – *sur*, near – *près de*).

Translation strategies: English to French

Word order

You need to think carefully about word order when you are translating into French. Remember the rules for adjectives, object pronouns and, to a lesser extent, adverbs:

Adjectives

I bought a **black** car.   *J'ai acheté une voiture **noire**.*

> Most adjectives, including all colours, come <u>after</u> the noun they describe.

Object pronouns

I saw **him** yesterday.   *Je **l**'ai vu hier.*

> The pronoun *l'* comes <u>before</u> the verb and, in the perfect tense, before the auxiliary verb.

Adverbs

I **also** like football.   *J'aime **aussi** le foot.*

> Adverbs often come <u>after</u> the verb in French, even when they come elsewhere in the sentence in English.

Translation skills

- Be careful with words we miss out in English but must be there in French, and vice versa:
  I watched **TV** yesterday.   *J'ai regardé la **télé** hier.*

  > The word for 'the' must be used in French.

  On Saturdays, she does her homework.   ***Le samedi**, elle fait ses devoirs.*

  > No word for 'on' here in French.

  I want to be **a teacher**.   *Je veux être **professeur**.*

  > Remember that you don't use an article with jobs in French.

- Avoid translating word for word when you translate into French. It is often not possible to do this. Be particularly careful with the **continuous present** in English, which cannot be directly translated into French – remember, you just need the present tense in French:
  I am studying French at university.   *J'**étudie** le français à l'université.*

  > No word for 'is/are' with 'studying' in French.

  Similarly, you cannot translate the **imperfect tense** in French word for word.
  I was crossing the road. / **I used to cross** the road.   *Je **traversais** la rue.*

  > No separate word in French for 'was/were' or 'used to'.

- **H** The same is true for '**will**' in the simple future tense and '**would**' in the conditional – they are not separate words in French:
  They **will arrive** at 6 o'clock.   *Ils **arriveront** à six heures.*
  I would prefer to play football.   *Je **préférerais** jouer au foot.*

- **H** We are sometimes a bit lazy with our written English, but French does not allow this:
  The man I know …   *L'homme **que** je connais …*

  > In English, a more correct way to say this would be 'the man **whom/that** I know', and *que* is needed here in French. So bear this in mind when translating into French.

- If you don't know how to say something in French, don't panic! Try to think of a synonym, a similar word or another way to say it using vocabulary that you <u>do</u> know.
- Check your spelling, accents and grammar!
- If you have time, it's a good idea to try to translate what you have written back into English, to see if it really does match the translation you were asked to do.

Notes